天覺（李衍芳）———著

讓你讀一次就學會的風水學

絕處逢生陰陽風水

自序

緣起

　　從小住在鄉間田野，就喜歡獨自遊走在山川野嶺尋幽探祕，在大自然的薰陶之下，對「易經、命理、風水」就有一探究竟的嚮往，在 1973 年一個偶然機會的接觸，自此開啟對「易經、命理、風水」的探索之旅，屈指算算今年正好邁入第 50 年了。

　　個人所學的「命理」河洛理數預測祕訣，已於 2022 年 9 月由知青頻道出版，紅螞蟻圖書公司發行，書名是：《學會河洛理數就用這一本》。預測決斷神準，可以趨吉避凶；「風水」則為絕處逢生的陰陽祕法，可以輕易佈局，化煞為恩，藉煞登將台，其特色都是簡單易學。

　　在這 50 年來，遊走於滾滾紅塵，想方設法要把所學所證，用最簡易的方式，讓有興趣的有緣者，能輕易上手，自利利人，傳承推廣。

　　故在 20 年前就開始以教學方式編寫講義，近年來更在 Line 的群組上傳交流，一再的微調修正，讓有興趣的有緣者，透過書籍的如法練習，就能在短時間內，學習到一門專業且實用的「易經、命理、風水」知識。

個人是以教學講義的方式編寫，淺顯易懂，內有很多的圖文，皆是手製圖檔，但願個人的用心，能幫助到有興趣的有緣者。

實際理地不著一塵，萬行門中不捨一法

天覺　李衍芳　敬上

陰陽風水祕法，就這麼簡單！

　　我們將以陽宅為主，陰宅為輔的方式來研討。風水，其實很簡單，只要掌握幾個核心知識點，就能迅速掌握風水的整個技術體系，不但能保平安，還能輕易的幫人扭轉乾坤，絕處逢生。

　　風水，我們以實用的方式來理解，比較務實。在當今的時代，政府基於土地的限制，已停止土葬的亂象，人往生後，幾乎都以火葬的方式，之後在靈骨塔安奉，或樹葬或海葬，故我們以實用陽宅為主。

　　風水陰陽祕法非常簡單，就以下三個關鍵點：

1、宅體磁場是否合乎宇宙法則？請參閱 72 脈 120 分金圖解，以出入口的大門與香火神位為測量基準，差之毫釐，謬以千里。

2、安內攘外，陽宅內格局「**大門、廚灶、浴廁、祖先神位**」……等位置是否各居其所，請參閱紫白飛星圖解。

3、外格局的「恩、煞」如何界定？如何化煞為恩？如何藉煞登將台？
　　請參閱二十四山陰陽祕法圖解。

注：風水陰陽祕法，有一「一歪二斜」非常簡易的祕法，當他人發生凶禍
　　災難的時候，若與風水有關，一歪二斜的祕法，就能發揮不可思議的
　　能量，幫其扭轉乾坤，絕處逢生。

不停留一切，但在一切中

目錄

風水地理之「天、地、人」道

人間道：乃人倫大道，舉凡人間一切處世之道，處政之法，運籌帷幄，
　　　　無上兵法，皆包含其中，若知其一、二，足可成帝王之師。

地脈道：首重龍，龍即山脈。亦即大地之氣，而氣之來有水導之，氣之
　　　　止有山限之，氣之聚總，無風以散之，由是地脈之道，要得水，
　　　　蘊藏風，故曰風水，地脈道亦即風水之道，亦稱尋龍之學。

天機道：乃天機文兆之大旨，天以二十八宿為經，以東、南、西、北
　　　　為四垣，臨制四方，紫微主王侯卿相，天命主府庫財帛，太
　　　　微主富貴壽數，小微主威武權謀，故凡文武百官，神仙宰牧，
　　　　三教九流，皆天星四垣之主宰。

陽宅鑑定與造局之基本概念
坐山為主、八卦為體、納甲為用、陰陽五行、不可或缺
四生四旺是天機、絕處之地必逢生

公德補天，私德增修

風水改變命運！也能幫您趨吉避凶！

風水的真相就是一句很老的話：福人居福地，福地福人居！

你要是有福份，住在風水差的地方，風水會隨你轉好。你要是沒福份，住在風水好的地方，你鎮不住，好風水也會自行破壞掉。

那麼風水怎樣自行破壞掉或者改變呢？比如風雷雨電草木蟲蟻，這些都可以改變地貌，也就是改變風水，自然界的萬物既可以造就好的風水，也可以破壞掉風水。

那麼風水為什麼會破壞掉呢？大家都知道古代帝王將相，都找最好的風水，但是他們還是敗了，為什麼呢？因為福德氣數盡了。要是福德養不起，鎮不住這個好風水，它自己就會破壞掉的。

好風水是自己修來的。懂得嚴格要求自己，為他人造福，成為別人的福星；自己的福德已經很厚了，風水自然就好。

風水是福人居福地，你要是個福人，你住的地方就一定是福地。如果你住的地方不是福地，你也能住成福地。大家知道風水養人，卻不知人也要養風水。人一住進去，周身氣流就會逐漸充斥整個住地，把地養得福德兼備，就跟自己一模一樣。

離種種邊，名為妙道

堪輿：堪天道，輿地道；上堪天文，下察輿地

風水一詞早見於晉朝郭璞：氣乘風則散，界水則止。古人聚之使不散，行之使有止，故謂之風水。

風水有陽宅與陰宅風水，門派眾多，主要有三元、三合、玄空……等，各門各派都有各自的理論，也有各家的盲點，若只學一門一派，恐有不逮；若要廣學多門，終其一生也難有究竟，恐會造成紊亂而不知所以。

因此，個人僅就 50 年來所證所學，絕處都能逢生的風水學，以教學講義的方式呈現「**20 多年來在群組或教學，已經實驗 N 次了**」，只要您有些許的基礎，就能看懂亦能操作簡單又實用的風水祕學。

我們將以「**易經概論、理象數、錯綜複雜**」為前導，這是南前大師對易經註解的精華，個人非常喜歡，整理分享，願同登喜悅。

之後我們將從一些天干、地支、五行、河圖、洛書、八卦……等這些基礎上深耕；八卦的生成與河圖洛書所產生的數理有三種，怎麼來怎麼用，都有一定的規矩，若能了了分明，對您的人生必有所助益。

挑多不是憨，能捨非無情

易 經 概 論

易道：仰觀天文，俯察地理，中通萬物之情；究天人之際，探索宇宙人生「**必變．所變．不變**」的大原理。通古今之變，闡明人生「**知變．應變．適變**」的大法則，以為人類行為的規範。

易經：易有《**變易、簡易、不易**》三大原則的道理。經就是「**道**」、是「**理**」，是天地人生的大道理。

變易：宇宙萬物，沒有一樣東西是不變的。在時空當中，沒有一事、一物、一情況、一思想是不變的。時間不同、環境不同、情感不同、精神不同，萬事萬物，隨時隨地都在變，非變不可，沒有不變的事物。

簡易：宇宙萬物，有許多是我們智慧、知識無法瞭解的。天地間有其理無其事的現象，是我們經驗不夠，科學的實驗尚未出現。有其事不知其理的現象，是我們智慧不夠。宇宙間任何事物，有其事必有其理。只是我們智慧不夠，經驗不足，找不出它的原理而已。

　　而易經的簡易則是最高原則，宇宙間無論如何奧妙的事物，當我們智能夠了，經驗有了，瞭解它以後，就會變得很平常，很平凡而且非常簡單。雖然宇宙萬物，無時不變，變的法則極其複雜，當我們懂了原理、原則以後，就非常簡單了。

不易：宇宙萬物隨時在變，可是卻有一項永遠不變的東西存在，就是能變出萬象的那個東西，是永恆存在而且不變的。所有生物的來

源，那個源點是永恆不變且存在的。

理、象、數

理、象、數：宇宙萬物都有它的理，也必有它的象。反過來說：宇宙間的任
何一個現象，也一定有它的理。同時每個現象，也一定有它的
數。所以研究易經的學問，有些人以理去解釋易經，有些人以
象去解釋易經，有些人以數去解釋易經。

所以易經的每一卦、每一爻都包含著「理、象、數」三種含意
在內。人的智慧如果懂了事物的「理、象、數」就會知道事物
的變。每個現象，到了一定的數，一定會變。為什麼會變，有
它的道理。明白了這些，就能知人生「必變、所變、不變」的
大道理，道理懂了！就能以「知變、應變、適變」的大法則，
做為處世行為的根本。

錯綜複雜

錯卦：是陰陽交錯的意思。將本卦的六爻，每爻依據陰陽互換的原理，
構成另一大成之卦，此之謂錯卦。六十四卦，每卦都有對錯的卦，
因此研討易經，以易經的道理去看人生，一舉一動，都有相對的，
正反、交錯，有得必有失。有人贊成，就有人反對，人事物理都
是如此，都離不開這個宇宙的大原則。

卦理：就是告訴我們立場相同，目標一致，可是看問題的角度不同，所
以見解也就不同了；告訴我們，要懂得包容。

綜卦：將本卦旋轉一百八十度，即將本卦顛倒過來，謂之綜卦。綜卦是相對的，全部六十四卦除了「乾為天卦、坤為地卦、坎為水卦、離為火卦、澤風大過、雷山小過、山雷頤卦、風澤中孚」……等八個卦是絕對的，也就是「不易」，除此之外，其餘五十六卦都是相對的，表示宇宙間一切事物都是相對的。

卦理：就是告訴我們，凡事要客觀，因為立場不同，觀念就完全兩樣；告訴我們，要懂得換位思考。

複雜：亦即是交互卦的道理，也就是六爻內部的變化，不涉及初爻、上爻，也就是不涉及一切事物的開始與終結，只在乎過程的交互運用，而發生交互的變化，所產生的另一大成之卦，謂之交互卦，簡稱互卦。互卦就是將本卦的第二爻、第三爻上連到第四爻，下方卦到上方去為互；第五爻、第四爻下接到第三爻，上方外卦接至下方內卦來為交；所以稱之為交互卦。

卦理：就是告訴我們看事情的態度，不要把事情看絕了；不要只看一面，一件事情正面看了，再看反面，上面看了，再看下面，旁邊看了，再看旁邊的反面；告訴我們，要全方位考量。

備註：易經不但是啟示事務發生的微妙契機，並且指引應當如何臨機應變，趨吉避凶；所以易經本身含有極為深奧的哲理。

有麝自然香，無需大風揚

納音五行與六親圖表

納 音 速 檢 表

納音速檢表	子丑午未	寅卯申酉	辰巳戌亥
甲乙	金	水	火
丙丁	水	火	土
戊己	火	土	木
庚辛	土	木	金
壬癸	木	金	水

六十甲子納音五行與六親

甲子	甲寅	甲辰	甲午	甲申	甲戌
子孫・海中金	妻財・大溪水	父母・覆燈火	官鬼・砂石金	兄弟・井泉水	父母・山頭火
乙丑	乙卯	乙巳	乙未	乙酉	乙亥
兄弟・海中金	官鬼・大溪水	父母・覆燈火	兄弟・砂石金	子孫・井泉水	妻財・山頭火
丙子	丙寅	丙辰	丙午	丙申	丙戌
妻財・澗下水	官鬼・爐中火	兄弟・沙中土	父母・天河水	子孫・山下火	兄弟・屋上土
丁丑	丁卯	丁巳	丁未	丁酉	丁亥
父母・澗下水	妻財・爐中火	官鬼・沙中土	父母・天河水	兄弟・山下火	子孫・屋上土
戊子	戊寅	戊辰	戊午	戊申	戊戌
兄弟・霹靂火	子孫・城頭土	官鬼・大林木	妻財・天上火	父母・大驛土	官鬼・平地木
己丑	己卯	己巳	己未	己酉	己亥
子孫・霹靂火	父母・城頭土	兄弟・大林木	子孫・天上火	妻財・大驛土	官鬼・平地木
庚子	庚寅	庚辰	庚午	庚申	庚戌
父母・壁上土	兄弟・松柏木	妻財・白蠟金	子孫・路旁土	官鬼・石榴木	妻財・釵釧金
辛丑	辛卯	辛巳	辛未	辛酉	辛亥
妻財・壁上土	兄弟・松柏木	子孫・白蠟金	妻財・路旁土	官鬼・石榴木	父母・釵釧金
壬子	壬寅	壬辰	壬午	壬申	壬戌
子孫・桑柘木	妻財・金薄金	父母・長流水	官鬼・楊柳木	兄弟・劍鋒金	父母・大海水
癸丑	癸卯	癸巳	癸未	癸酉	癸亥
兄弟・桑柘木	官鬼・金薄金	父母・長流水	兄弟・楊柳木	子孫・劍鋒金	妻財・大海水

五虎遁又稱五寅遁「年上取月」

月 ＼ 年	甲己年	乙庚年	丙辛年	丁壬年	戊癸年
一月	丙寅	戊寅	庚寅	壬寅	甲寅
二月	丁卯	己卯	辛卯	癸卯	乙卯
三月	戊辰	庚辰	壬辰	甲辰	丙辰
四月	己巳	辛巳	癸巳	乙巳	丁巳
五月	庚午	壬午	甲午	丙午	戊午
六月	辛未	癸未	乙未	丁未	己未
七月	壬申	甲申	丙申	戊申	庚申
八月	癸酉	乙酉	丁酉	己酉	辛酉
九月	甲戌	丙戌	戊戌	庚戌	壬戌
10月	乙亥	丁亥	己亥	辛亥	癸亥
11月	丙子	戊子	庚子	壬子	甲子
12月	丁丑	己丑	辛丑	癸丑	乙丑

五鼠遁又稱五子遁「日上取時」

時 ＼ 日	甲己日	乙庚日	丙辛日	丁壬日	戊癸日
子	甲子	丙子	戊子	庚子	壬子
丑	乙丑	丁丑	己丑	辛丑	癸丑
寅	丙寅	戊寅	庚寅	壬寅	甲寅
卯	丁卯	己卯	辛卯	癸卯	乙卯
辰	戊辰	庚辰	壬辰	甲辰	丙辰
巳	己巳	辛巳	癸巳	乙巳	丁巳
午	庚午	壬午	甲午	丙午	戊午
未	辛未	癸未	乙未	丁未	己未
申	壬申	甲申	丙申	戊申	庚申
酉	癸酉	乙酉	丁酉	己酉	辛酉
戌	甲戌	丙戌	戊戌	庚戌	壬戌
亥	乙亥	丁亥	己亥	辛亥	癸亥

五行與天干、地支等

五行《五運》

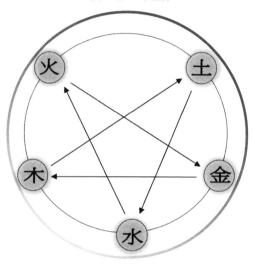

注：此圖順時針方向為「生」中間箭頭為「剋」。

金：西方、生水、剋木、白、燥、鼻、肺。代表堅固。

水：北方、生木、剋火、黑、寒、耳、腎。代表流動，周流不息的作用。

木：東方、生火、剋土、青、風、眼、肝。代表生命中生發的功能與根源。

火：南方、生土、剋金、赤、熱、舌、心。代表熱能。

土：中央、生金、剋水、黃、濕、身、脾。代表地球本身。

相生：北方水生東方木、東方木生南方火、南方火生中宮土、中宮土生
　　　西方金、西方金生北方水；生生不息，源源不絕。

相剋：北方水剋南方火、東方木剋中宮土、南方火剋西方金、中宮土剋

北方水、西方金剋東方木；生剋制化，絕處逢生。

注一：之所以稱它們為五行，是因這五種東西，代表物質世界的五種物理，相互影響、變化，而產生了生剋。

注二：生剋是陰陽方面的說法，在學術思想上，則為禍福相倚、正與反、是與非、對與錯、成與敗、利與害、善與惡……等，一切都是相對的，所以稱之為生與剋。

天　干

甲：東方、陽木「膽」。　己：中央、陰土「脾」

乙：東方、陰木「肝」。　庚：西方、陽金「大腸」

丙：南方、陽火「小腸」。　辛：西方、陰金「肺」

丁：南方、陰火「心」。　壬：北方、陽水「膀胱」

戊：中央、陽土「胃」。　癸：北方、陰水「腎」

地　支

子：北方、陽水「11 月」。　午：南方、陽火「**五月**」

丑：中央、陰土「12 月」。　未：中央、陰土「**六月**」

寅：東方、陽木「**正月**」。　申：西方、陽金「**七月**」

卯：東方、陰木「**二月**」。　酉：西方、陰金「**八月**」

辰：中央、陽土「**三月**」。　戌：中央、陽土「**九月**」

巳：南方、陰火「**四月**」。　亥：北方、陰水「**十月**」

寅月之說：天地始終 129,600 年為一元之數；分為十二宮，每宮有 10,800 年
此為一會之數。

說明：天開於子，地闢於丑，人生於寅，閉物於戌；天數到戌則不復有
人，天數到亥，則周天十二會；此為大數而天地混矣。終則復始，
循環無窮。天地再造，故先有陰，而後有陽。而人生於寅，故以
寅為一年之始，是以寅月乃正月也。

經脈循行時辰歌

肺寅大卯胃辰宮、脾巳心午小未中、申胱酉腎心包戌、亥焦子膽丑肝通

五臟：心、肝、脾、肺、腎「屬陰」、心包亦屬於內。

六腑：小膽、膽、胃、大腸、小腸、膀胱、三焦「屬陽」。

月令所屬與二十四節氣

正 月「寅」：立春之日起 經 雨水 至 驚蟄前一日止，又稱「端」月。

二 月「卯」：驚蟄之日起 經 春分 至 清明前一日止，又稱「花」月。

三 月「辰」：清明之日起 經 穀雨 至 立夏前一日止，又稱「桐」月。

四 月「巳」：立夏之日起 經 小滿 至 芒種前一日止，又稱「梅」月。

五 月「午」：芒種之日起 經 夏至 至 小暑前一日止，又稱「蒲」月。

六 月「未」：小暑之日起 經 大暑 至 立秋前一日止，又稱「荔」月。

七 月「申」：立秋之日起 經 處暑 至 白露前一日止，又稱「瓜」月。

八 月「酉」：白露之日起 經 秋分 至 寒露前一日止，又稱「桂」月。

九 月「戌」：寒露之日起 經 霜降 至 立冬前一日止，又稱「菊」月。

十 月「亥」：立冬之日起 經 小雪 至 大雪前一日止，又稱「陽」月。

十一月「子」：大雪之日起 經 冬至 至 小寒前一日止，又稱「葭」月。

十二月「丑」：小寒之日起 經 大寒 至 立春前一日止，又稱「臘」月。

春三月：春分之日起經清明、穀雨、立夏、小滿、芒種至夏至前一日止

夏三月：夏至之日起經小暑、大暑、立秋、處暑、白露至秋分前一日止

秋三月：秋分之日起經寒露、霜降、立冬、小雪、大雪至冬至前一日止

冬三月：冬至之日起經小寒、大寒、立春、雨水、驚蟄至春分前一日止

四離日：春分、夏至、秋分、冬至，表示氣候季節的轉折點。

四絕日：立春、立夏、立秋、立冬，表示一年四季的開始也就是春夏秋
　　　　冬的分界點。注：四季春夏秋冬也有以四離日算計的。

生發日：驚蟄、清明、小滿、芒種，反映生物受氣候影響生長發育現象。

雨雪日：雨水、穀雨、小雪、大雪，則是預示降雨、降雪的時期。

溫變日：小暑、大暑、處暑、小寒、大寒、白露、寒露、霜降八個節氣
　　　　則是反映氣溫不同的變化。

天干地支合化總論

地支三合：申子辰會合水局。　申為長生、子為帝旺、辰為墓庫。
　　　　　寅午戌會合火局。　寅為長生、午為帝旺、戌為墓庫。
　　　　　亥卯未會合木局。　亥為長生、卯為帝旺、未為墓庫。

巳酉丑會合金局 。※。 巳為長生、酉為帝旺、丑為墓庫。

地支三殺：　申子辰煞南、殺未 。 未回頭殺申子辰。

　　　　　　　寅午戌煞北、殺丑 。 丑回頭殺寅午戌。

　　　　　　　亥卯未煞西、殺戌 。 戌回頭殺亥卯未。

　　　　　　　巳酉丑煞東、殺辰 。 辰回頭殺巳酉丑。

地支六合：　子丑合化土、寅亥合化木、卯戌合化火、

　　　　　　　辰酉合化金、巳申合化水、午未合化火。

地支相沖：　子午沖、丑未沖、寅申沖、卯酉沖、辰戌沖、巳亥沖。

　　天干合化之理：天干合化是以本干起子至辰而化辰是數中之中五，辰又為天門之地。

例一：甲己起甲子，順數到辰，得位戊辰 · 天干戊屬土 · 故甲己合化土。

例二：乙庚起丙子，順數到辰，得位庚辰 · 天干庚屬金 · 故乙庚合化金。

例三：丙辛起戊子，順數到辰，得位壬辰 · 天干壬屬水 · 故丙辛合化水。

例四：丁壬起庚子，順數到辰，得位甲辰 · 天干甲屬木 · 故丁壬合化木。

例五：戊癸起壬子，順數到辰，得位丙辰 · 天干丙屬火 · 故戊癸合化火。

六十甲子納音之理

納音者：先天之理也。河圖中宮五十，為洛書地符之所由衍。洛書逆轉，先天逆應之，翕聚五行，為河圖後天順旋之本。大衍之數，河、洛中宮之所衍也。五行干支順佈六十，為洛書後天流行之機，以其數納於大衍數中，以中十之餘取其子數，應先天五行之序，以見流行之必本于翕聚；故納音者：歸藏之理也。其法以大衍用數「49」盡除地十得九，自九遞降之，得「甲己子午9、乙庚丑未8、丙辛寅申7、丁壬卯酉6、戊癸辰戌5、巳亥4」之數。取干支所合配，于大衍用數中除之，視其地十外餘數之所生。

如餘5屬金、餘3.8屬火、餘1.6屬木、餘9屬水、餘2.7屬土，得五行凡六。又以亥子及巳午之間，交互合數，得五行凡二。蓋亥子巳午一陰一陽動極靜，靜極動之際，歸藏翕聚之真機，故至此必交互相續，為納音微妙之理也。先天八卦五行以金、火、木、水、土為序，納音得此交互之法，則五行次第，正合先天之序，周而復始亦凡八，而五行之順而衍者，由於交互兩五行之逆而藏。故曰納音者，先天之理也。

重點啟示：天干地支取數

甲己子午9、乙庚丑未8、丙辛寅申7、丁壬卯酉6、戊癸辰戌5、巳亥4

以五行干支順佈順佈六十甲子，兩兩一組。

如：甲子、乙丑一組，丙寅、丁卯一組，戊辰、己巳一組……等，餘類推

以大衍用數「49」除之，取子數「個位數」

如：餘5屬金、餘3.8屬火、餘1.6屬木、餘9屬水、餘2.7屬土。

注：正文恐有艱深難懂之處，故以如下圖文示之，就可一目了然矣！

六十甲子納音圖解

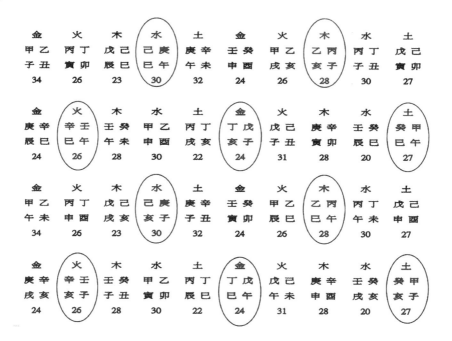

如圖例 1：甲子、乙丑納音為金。則甲 9 + 子 9 + 乙 8 + 丑 8 = 34

以大衍用數 49 － 34 = 15，取子數之 5 餘 5 屬金。故甲子、乙丑屬金也。

如圖例 2：丙寅、丁卯納音為火。則丙 7 + 寅 7 + 丁 6 + 卯 6 = 26

以大衍用數 49 － 26 = 23，取子數之 3 餘 3 屬火。故丙寅、丁卯屬火也。

如圖例 3：戊辰、己巳納音為木。則戊 5 + 辰 5 + 己 9 + 巳 4 = 23

以大衍用數 49 － 23 = 26，取子數之 6 餘 6 屬木。故戊辰、己巳屬木也。

餘仿此類推。

河圖圖文解

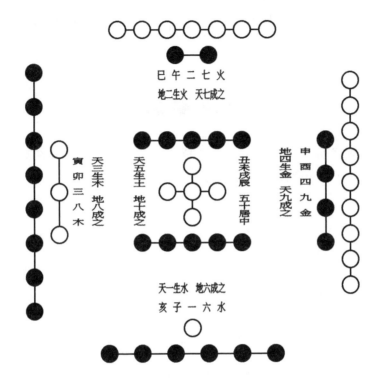

巳午二七火
地二生火　天七成之

天三集　地八成之
寅卯三八木

天五生土　地十成之
丑未戌辰　五十居中

申酉四九金
地四生金　天九成之

天一生水　地六成之
亥子一六水

河圖運行次序

河圖之序：自北而東，左旋而相生。然對待之位，則北方一六水，剋南方
二七火；西方四九金，剋東方三八木，而相剋者寓乎相生之中。
蓋造化之理，生而不剋，則生者無從而制裁，其河圖生剋之妙有
如此乎！

河圖圖示口訣

天一生水地六成之。地二生火天七成之。

天三生木地八成之。地四生金天九成之。天五生土地十成之。

説 河 圖 篇

　　龍馬負圖之初，有點一白六黑在背近尾，七白二黑在背近頭，三白八黑在背之左，九白四黑在背之右，五白十黑在背之中。

　　伏羲皇定以一六在下，合於北而生水，亥子屬焉；二七在上，合於南而生火，巳午屬焉；三八在左，合於東而生木，寅卯屬焉；四九在右，合於西而生金，申酉屬焉；五十在中為土，而丑未戌辰屬焉。

　　此八字地支之數所由始也！續自圖南，慨易道之不明，乃以人生年、月、日、時支干配同洛書取數，而後知天地所賦之厚薄，大易之道煥然復明，誠可謂有功於先聖者。後之學者，苟視為玩具，幾何而不流於自暴自棄也哉！

地支河圖取數口訣

亥子1.6水、寅卯3.8木、巳午2.7火、申酉4.9金、丑未戌辰5.10土
此地支取數，適用於河洛理數預測命理學之八字等。

超前佈局：先天八卦與洛書取數：

乾9、兌4、艮6、坤1、離3、震8、巽2、坎7。

適用於八宅之吉凶星與東西四命「**木火通明局、金水相生局**」等。

乾9、兌4合此圖之西方四九金，艮6、坤1合此圖之北方一六水。

形成金水相生之局，又稱西四局或西四命。

離3、震8合此圖之東方三八木，巽2、坎7合此圖之南方二七火。

形成木火通明之局，又稱東四局或東四命。

洛書圖文解

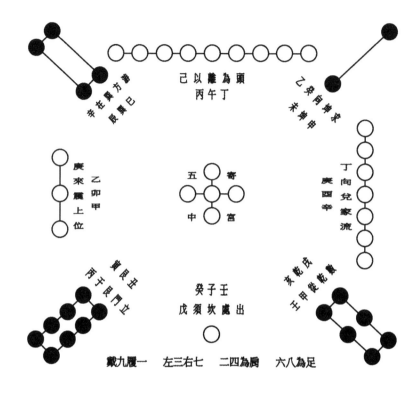

己以離為頭
丙午丁

辛在巽方藏
辰巽巳

乙癸向甲求
未坤申

庚來震上位
乙卯震甲

五　寄
中　宮

丁向兌家流
庚酉辛

寅艮丑
丙丁艮門立

癸子壬
戊須坎處出

亥乾戌
壬甲後乾數

戴九履一　左三右七　二四為肩　六八為足

洛書運行次序

　　洛書之序：自北而西，右轉而相剋。然對待之位，則東南四九金，生西北一六水，東北三八木，生西南二七火，而相生者已寓乎相剋之中，蓋造化之理，剋而不生，而所剋者有時而間斷，其洛書剋生之妙有如此乎！

洛書圖示口訣

　　戴九履一，左三右七，二四為肩，六八為足，五寄中宮。

説 洛 書 篇

夫河龜負書者非龜也，乃大龜也。其背所有之文，有一長畫二短畫。

一點白近尾，九點紫近頭，二黑點在背之右上方，四碧點在背之左上方，六白點在近足之右後方，八白點在近足之左後方，三綠點在背之左方中間，七赤點在背之右方中間，五黃點在背之中，凡九而七色焉。

於是則九位以定方，因二畫而生爻，以一白近尾為坎，二黑在右肩屬坤，左三綠屬震，四碧在左肩屬巽，六白近右足屬乾，七赤在右屬兌，八白近左足屬艮，九紫近頭屬離，五數居中，以維八方，八卦由是生焉，此神龜出洛之表象也。

神龜出洛八卦定位口訣

一數坎兮二數坤．三震四巽數中分．五寄中宮六乾是．七兌八艮九離門
適用於：河洛理數預測命理學之取卦，陽宅的紫白飛星等。

超前佈局：後天八卦與洛書取數：
坎1、坤2、震3、巽4、乾6、兌7、艮8、離9。

納甲：戊須坎處出，乙癸向坤求，庚來震上位，辛在巽方游，壬甲從乾數，丁向兌家流，丙於艮門立，己以離為頭。

口訣：戊1乙癸2，庚3辛4同，壬甲從6數，丁7丙8宮，己9無差別。
此天干取數，適用於河洛理數預測命理學之八字等。

八卦演變過程《周易·繫辭傳》

易以無極而太極、太極生兩儀、兩儀生四象、四象生八卦、八卦定吉凶、吉凶生大業

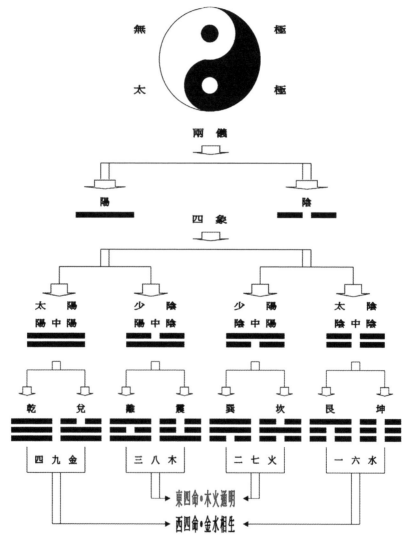

注：此圖由左而右，由下而上，一陽一陰，次第而為，八卦成矣。

八 卦 諸 義

乾元亨利貞 · 乾為天、乾三連

代表剛健、果決 · 西北、父親、頭、肺臟、六白金

兌澤英雄兵 · 兌為澤、兌上缺

代表喜悅、毀謗 · 西方、少女、口、肺臟、七赤金

離火駕火輪 · 離為火、離中虛

代表聰明、文書 · 南方、中女、目、心臟、九紫火

震雷霹靂聲 · 震為雷、震仰盂

代表急躁、虛驚 · 東方、長男、足、肝臟、三碧木

巽風吹山岩 · 巽為風、巽下斷

代表粗野、進退 · 東南、長女、股、肝臟、四綠木

坎水湧波濤 · 坎為水、坎中滿

代表機智、漂浮 · 北方、中男、耳、腎臟、一白水

艮山刈鬼肚 · 艮為山、艮覆碗

代表固執、阻隔 · 東北、少男、手、脾胃、八白土

坤地留人門 · 坤為地、坤六斷

代表遲緩、懦弱 · 西南、母親、腹、脾胃、二黑土

　　八卦性別的簡易分辨法：只有單一陽爻的屬男，初爻長男，二爻中男，上爻少男；單一陰爻的屬女，初爻長女，二爻中女，上爻少女。

伏羲「先天」八卦方位圖

說卦傳：天地定位、山澤通氣、雷風相薄、水火不相射、八卦相錯

先天八卦：東方離3、西方坎6、南方乾1、北方坤8、
　　　　　東南兌2、東北震4、西南巽5、西北艮7。

卦象口訣：
乾三連、兌上缺、離中虛、震仰盂、巽下斷、坎中滿、艮覆碗、坤六斷。

卦意口訣：
乾為天、兌為澤、離為火、震為雷、巽為風、坎為水、艮為山、坤為地。

　　備注1：圖中乾1、兌2、離3、震4、巽5、坎6、艮7、坤8等這些
　　　　　數字乃八卦生成的順序；常用在初學者卜卦之用。

　　備注2：此圖由內往外看「內為初爻、外為上爻」，此乃不成文的共識。

文王「後天」八卦方位圖

說卦傳：帝出乎震、齊乎巽、相見乎離、致役乎坤、說言乎兌、戰乎乾勞乎坎、成言乎艮

東方震 3、西方兌 7、南方離 9、北方坎 1、
東南巽 4、東北艮 8、西南坤 2、西北乾 6。

一數坎兮二數坤 · 三震四巽數中分 · 五寄中宮六乾是 · 七兌八艮九離門

注：河洛命理的取卦與陽宅的紫白飛星，亦以此數飛奪。

超前佈局：三卦畫之納甲法，納盡羅經盤之八天干，戊、己為中宮土。因此：戊、己二干不為八卦之三卦畫所納，三畫卦為單卦，無內、外卦。因此：乾、坤二卦只納甲、乙，自不得兼納壬、癸二天干。坎卦本納癸，所以，不得用戊，離卦本納壬，所以不得用己。主因在於羅經盤之戊、己寄於中宮。八卦納八干，所以戊、己虛而不納也。

33

洛書與先天八卦「木火通明、金水相生」之關係

超前佈局：三畫卦之納甲：納盡羅經盤八天干，戊己為中宮土，因此戊己二
干不為八卦三畫卦所納。

納法：乾納甲、坤納乙、艮納丙、兌納丁、震納庚、巽納辛、離納壬、
坎納癸。

注：先天乾9、坤1、離3、坎7皆為單數屬陽，其納為：甲乙壬癸在
羅經盤上亦屬陽。

坤一艮六「天一生水地六成之」太陰、陰中陰「**一六共宗**」
巽二坎七「地二生火天七成之」少陽、陰中陽「**二七同道**」
離三震八「天三生木地八成之」少陰、陽中陰「**三八為朋**」
兌四乾九「地四生金天九成之」太陽、陽中陽「**四九為友**」

木火通明 金水相生

五十居中「天五生土地十成之」

27火38木「**木火通明，又稱東四命**」

16水49金「**金水相生，又稱西四命**」

洛書與後天八卦取數定局

超前佈局：六畫卦之納甲法：納盡十天干，因六畫卦為佈渾天甲子「六十甲子」之用，故納盡十天干。

    納法：乾納壬甲、兌納丁、離納己、震納庚、巽納辛、坎納戊、艮納丙、坤納乙癸。

    十天干從數定位：戊一乙癸二、庚三辛四同、壬甲從六數
                         丁七丙八宮、己九無差別、五數寄中宮
    十天干遊走卦位：壬甲從乾數、乙癸向坤求、庚來震上位、辛向巽方遊、
                         丙於艮門立、己以離為頭、戊須坎處出、丁向兌家流。

    口訣：

一數坎兮二數坤、三震四巽數中分、五寄中宮六乾是、七兌八艮九離門。

    注：河洛命理的取卦與陽宅的紫白飛星，亦以此數飛奪。

35

先、後天八卦與洛書之關係

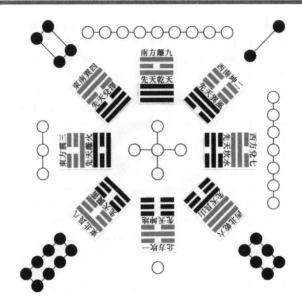

先後天同位：

離與乾、坎與坤、震與離、兌與坎、巽與兌、坤與巽、艮與震、乾與艮

備註：此圖由內往外看；內為先天八卦，外為後天八卦，最外圍為洛書。

先天：

乾九兌四「四九金」、坤一艮六「一六水」= 金水相生又稱「西四命」
離三震八「三八木」、巽二坎七「二七火」= 木火通明又稱「東四命」

後天：

一數坎兮二數坤、三震四巽數中分、五寄中宮六乾是、七兌八艮九離門

二十四山陰陽、宅相、四生四旺與寶庫

二十四山陰陽：三畫卦之納甲「先天乾9納甲、坤1納乙、離3納壬、
坎7納癸」單數為陽，故其所納之天干亦為陽。「艮6納丙、
兌4納丁、震8納庚、巽2納辛」雙數為陰，故其所納之
天干亦為陰。

宅相：天干以所納之卦、地支則以子、午、卯、酉所居的卦為宅相。
坎水「**子**」、離火「**午**」、震木「**卯**」、兌金「**酉**」的各自三合為宅相。
坎水：「**申、子、辰**」為坎宅屬陽。離火：「**寅、午、戌**」為離宅屬陽。
震木：「**亥、卯、未**」為震宅屬陰。兌金：「**巳、酉、丑**」為兌宅屬陰。

十二辟卦與二十四節氣

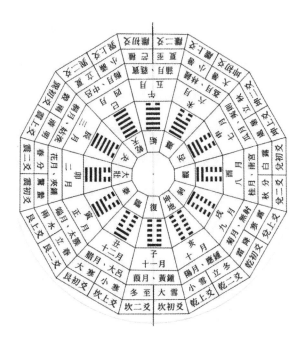

上面這個圖中心，代表太極，亦即是本體，是空無一物的。

第一、二層：十二辟卦

第三層：十二月令

第四層：十二月令又稱與樂器

第五層：二十四節氣

第六層（最外層）：節氣化工與節氣之關係。

六十四卦方圓圖

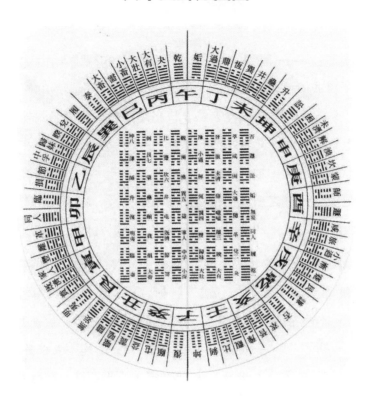

　　上面這個圖，圓圖是管宇宙的時間，代表宇宙的運行法則，亦可說代表太陽系，時間運行的法則或原理，圓圖中的方圖，則管空間，代表方位方向。中間所顯現的二十四山，則是羅庚盤上的二十四山，為增強羅庚盤的概念，以及羅庚盤與六十四卦的切身對待關係而製作的圖表。

羅庚盤準確與否鑑定口訣

先將子午定山岡，再把中針來較量，虛危之間針路明，南方張度上三乘

離坎正位人難識，差卻毫釐斷不靈，更加三七與二八，莫與時節說長短

六十四卦的認知

　　六十四卦是由 ── 陽與 ── 陰兩種名為爻的符號，由下往上的次序，以六畫形象所構成。代表宇宙間的一切事物，六大變化階段的原則。爻的次序是由下往上數，則下方的初爻、二爻、三爻是為下卦又名內卦；上方的四爻、五爻、上爻是為上卦又名外卦；五爻、上爻代表天；初爻、二爻代表地；三爻、四爻代表人。天、地、人就是三才又名三極。孔子在繫傳中說六爻的道理，六爻之動，三極之道也！這個三極就是指天、地、人三才。初爻、三爻、五爻居陽位；二爻、四爻、上爻居陰位。陽以九代之，陰以六代之……

乾「父親」・震「長男」・坎「中男」・艮「少男」為陽四宮

坤「母親」・巽「長女」・離「中女」・兌「少女」為陰四宮

本體卦・本體不變「本宮卦」・第四變：四爻變「四世卦」

第一變・初爻變「一世卦」・第五變：五爻變「五世卦」

第二變・二爻變「二世卦」・第六變：下飛四往「遊魂卦」

第三變・三爻變「三世卦」・第七變：下卦還原「歸魂卦」

　例：　乾為天卦　天風姤卦　天山遯卦　天地否卦　風地觀卦　山地剝卦火地晉卦　火天大有。此八個卦之卦體皆屬乾金・餘類推。

注：上爻乃宗廟，故不變也！八主卦的六親，世為上爻，應為三爻。

三才之道：立天之道曰「陰與陽」上爻・五爻是也！

　　　　　立地之道曰「柔與剛」初爻・二爻是也！

　　　　　立人之道曰「仁與義」三爻・四爻是也！

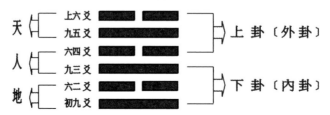

納甲與渾天甲子等

納甲

納甲：納甲之論，主因於河洛理數，八卦蘊藏其中；八卦為天干、地支加四維組合而成二十四山。然十天干立於八卦之中，而有生剋制化之理。十天干以甲為首，因此以納天干數，取名為納甲，以甲為尊，統籌十干之用。

三畫卦之納甲法：納盡羅經盤之八天干，而戊、己為中宮土。

因此，戊、己二干不為八卦三畫卦所納；三畫卦為單卦，而無內、外卦。因此，乾、坤二卦，自不得兼納壬、癸二天干。而坎卦本納癸，所以不得用戊；離卦本納壬，所以不得用己。主因在於羅經盤之戊、己寄於中宮，八卦納八干，所以戊、己虛而不納也！

納法：乾納甲 · 坤納乙 · 艮納丙 · 兌納丁 · 震納庚 · 巽納辛 · 離納壬 · 坎納癸

六畫卦之納甲法：納盡十天干，主因六畫卦為佈渾天甲子之用。

納法：乾納甲壬 · 兌納丁 · 離納己 · 震納庚 · 巽納辛 · 坎納戊 · 艮納丙 · 坤納乙癸

口訣一：壬甲從乾數 · 乙癸向坤求 · 庚來震上位 · 辛在巽方遊

丙於艮門立．己以離為頭．戊須坎處出．丁向兌家流

口訣二：戊一乙癸二．庚三辛四同．壬甲從六數．丁七丙八宮．己九無差別．五數寄於中。

注：此天干之數「戊1．乙癸2．庚3．辛4．壬甲6．丁7．丙8．己9」乃用在生辰八字年月日時取數之用。配合地支取數「亥子1.6水．寅卯3.8木．巳午2.7火．申酉4.9金．丑未戌辰5.10土」做為「河洛理數易經流年」的配卦，而能知人之運勢起伏，窮通得喪。

羅經盤八卦八宮之納甲法：四正卦「坎離震兌」四維卦「乾坤艮巽」
坎卦：申子辰水局，納癸。離卦：寅午戌火局，納壬。
震卦：亥卯未木局，納庚。兌卦：巳酉丑金局，納丁。
乾卦：納甲，坤卦：納乙，艮卦：納丙，巽卦：納辛……

渾天甲子五行八宮

佈渾天甲子：六十四卦六親世應的對待關係「卦體五行為主、地支為輔」

父母：生我者為父母，為生氣生入。兄弟：比旺者為兄弟．為旺氣相比

妻財：我剋者為妻財，為耗氣剋出。子孫：我生者為子孫．為洩氣生出

官鬼：剋我者為官鬼，為八煞剋入……

以上只有五親，為什麼稱六親呢？此乃「世、應」為一親，故稱六親也！

備註：所謂官鬼者，非官即鬼，即卦爻所屬五行，煞本卦體五行，謂之官鬼。事實上有九煞，坎有二煞，餘各一煞，合計九煞，但因只有八卦八宮，所以稱之為八煞。

注：若加上乾坤借用，六十甲子共有 11 煞。

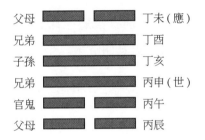

父母 ▅▅▅　▅▅▅　丁未（應）
兄弟 ▅▅▅▅▅▅▅　丁酉
子孫 ▅▅▅▅▅▅▅　丁亥
兄弟 ▅▅▅▅▅▅▅　丙申（世）
官鬼 ▅▅▅　▅▅▅　丙午
父母 ▅▅▅　▅▅▅　丙辰

例：　澤山咸卦「**正月兌金**」三爻變：三世卦

初爻「**辰土**」土生卦體金，生我者為父母。

二爻「**午火**」火剋卦體金，剋我者為官鬼。

三爻「**申金**」金旺卦體金，比旺者為兄弟。

四爻「**亥水**」卦體金生水，我生者為子孫。

五爻「**酉金**」金旺卦體金，比旺者為兄弟。

上爻「**未土**」土生卦體金，生我者為父母。

地支五行：亥子水、寅卯木、巳午火、申酉金、丑未戌辰土。

以上基本概念重點提示

　　以上為天干、地支、五行、河圖、洛書、八卦、納甲……等之基本概念。重點整理提示：不論是學習命理或風水，請不要用「背」的，用「背」的就會佔據頭腦的空間，讓頭腦的空間越來越小，不要用「背」的，才能讓頭腦多些空間，才裝得下新知（口傳心授的叮嚀）。

1、六十甲子納音五行與六親、五子遁又稱五鼠遁「日上取時」，在很多地方都能使用到，建議製作成小卡，以利研究或精進之用。

　　注：五虎遁又稱五寅遁「年上取月」，萬年曆上都有，就別疊床架屋了。

2、河圖地支取數口訣：亥子1.6水，寅卯3.8木，巳午2.7火，申酉4.9金，丑未戌辰5.10土。用在河洛理數預測學的地支取數。

3、洛書天干取數口訣：戊1乙癸2，庚3辛4同，壬甲從6數，丁7丙8宮，己9無差別，5數寄中宮。用在河洛理數預測學的天干取數。

4、天干游走卦位口訣：戊須坎處出，壬甲從乾數，乙癸向坤求，庚來震上位，辛向巽方游，丁向兌家流，丙于艮門立，己以離為頭。

5、先天八卦取數口訣：乾9兌4四九金，坤1艮6一六水，為金水相生西四命；離3震8三八木，巽2坎7二七火，為木火通明東四命。

6、後天八卦取數口訣：一數坎兮二數坤，三震四巽數中分，五寄中宮六乾是，七兌八艮九離門。

　　注：河洛理數預測學的先後天卦位，陽宅的紫白飛星皆用此數飛奪。

放下無事輕，舉起萬般難

八星遊年卦變圖解

乾卦

羅經盤順時針八星方位　　　乾六天五禍絕延生　　　乾坎艮震巽離坤兌

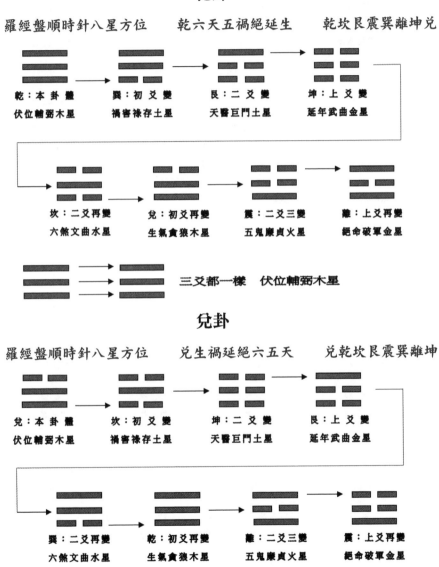

乾：本卦體　　　　巽：初爻變　　　　艮：二爻變　　　　坤：上爻變
伏位輔弼木星　　　禍害祿存土星　　　天醫巨門土星　　　延年武曲金星

坎：二爻再變　　　兌：初爻再變　　　震：二爻三變　　　離：上爻再變
六煞文曲水星　　　生氣貪狼木星　　　五鬼廉貞火星　　　絕命破軍金星

三爻都一樣　　伏位輔弼木星

兌卦

羅經盤順時針八星方位　　　兌生禍延絕六五天　　　兌乾坎艮震巽離坤

兌：本卦體　　　　坎：初爻變　　　　坤：二爻變　　　　艮：上爻變
伏位輔弼木星　　　禍害祿存土星　　　天醫巨門土星　　　延年武曲金星

巽：二爻再變　　　乾：初爻再變　　　離：二爻三變　　　震：上爻再變
六煞文曲水星　　　生氣貪狼木星　　　五鬼廉貞火星　　　絕命破軍金星

三爻都不一樣　　延年武曲金星

45

離卦

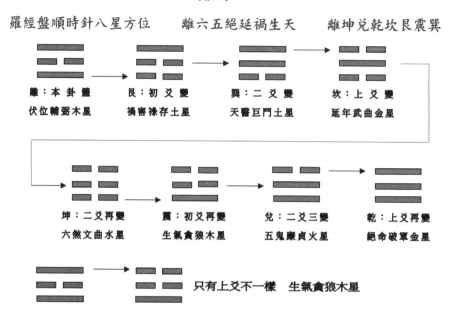

羅經盤順時針八星方位　　　離六五絕延禍生天　　　離坤兌乾坎艮震巽

離：本卦體　　　艮：初爻變　　　巽：二爻變　　　坎：上爻變
伏位輔弼木星　　禍害祿存土星　　天醫巨門土星　　延年武曲金星

坤：二爻再變　　震：初爻再變　　兌：二爻三變　　乾：上爻再變
六煞文曲水星　　生氣貪狼木星　　五鬼廉貞火星　　絕命破軍金星

只有上爻不一樣　　生氣貪狼木星

震卦

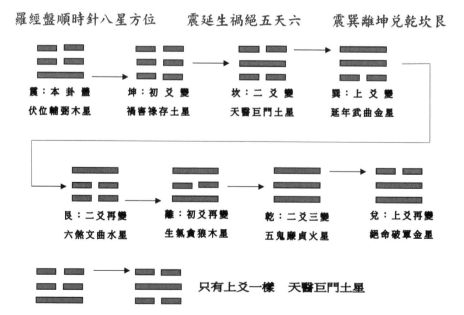

羅經盤順時針八星方位　　　震延生禍絕五天六　　　震巽離坤兌乾坎艮

震：本卦體　　　坤：初爻變　　　坎：二爻變　　　巽：上爻變
伏位輔弼木星　　禍害祿存土星　　天醫巨門土星　　延年武曲金星

艮：二爻再變　　離：初爻再變　　乾：二爻三變　　兌：上爻再變
六煞文曲水星　　生氣貪狼木星　　五鬼廉貞火星　　絕命破軍金星

只有上爻一樣　　天醫巨門土星

巽卦

羅經盤順時針八星方位　　巽天五六禍生絕延　　巽離坤兌乾坎艮震

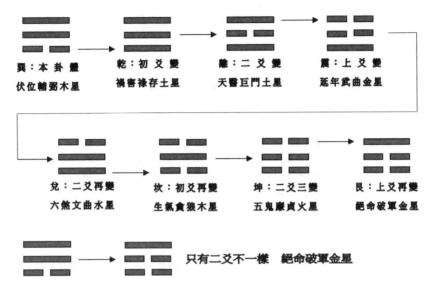

巽：本卦體　　　　乾：初爻變　　　　離：二爻變　　　　震：上爻變
伏位輔弼木星　　　禍害祿存土星　　　天醫巨門土星　　　延年武曲金星

兌：二爻再變　　　坎：初爻再變　　　坤：二爻三變　　　艮：上爻再變
六煞文曲水星　　　生氣貪狼木星　　　五鬼廉貞火星　　　絕命破軍金星

只有二爻不一樣　　絕命破軍金星

坎卦

羅經盤順時針八星方位　　坎五天生延絕禍六　　坎艮震巽離坤兌乾

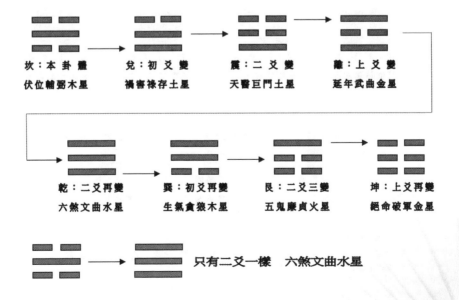

坎：本卦體　　　　兌：初爻變　　　　震：二爻變　　　　離：上爻變
伏位輔弼木星　　　禍害祿存土星　　　天醫巨門土星　　　延年武曲金星

乾：二爻再變　　　巽：初爻再變　　　艮：二爻三變　　　坤：上爻再變
六煞文曲水星　　　生氣貪狼木星　　　五鬼廉貞火星　　　絕命破軍金星

只有二爻一樣　　六煞文曲水星

艮卦

羅經盤順時針八星方位　　艮六絕禍生延天五　　艮震巽離坤兌乾坎

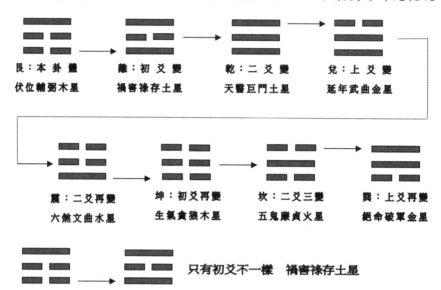

艮：本卦體　　　　　離：初爻變　　　　　乾：二爻變　　　　　兌：上爻變
伏位輔弼木星　　　禍害祿存土星　　　　天醫巨門土星　　　延年武曲金星

震：二爻再變　　　　坤：初爻再變　　　　坎：二爻三變　　　　巽：上爻再變
六煞文曲水星　　　生氣貪狼木星　　　　五鬼廉貞火星　　　絕命破軍金星

只有初爻不一樣　禍害祿存土星

坤卦

羅經盤順時針八星方位　　坤天延絕生禍五六　　坤兌乾坎艮震巽離

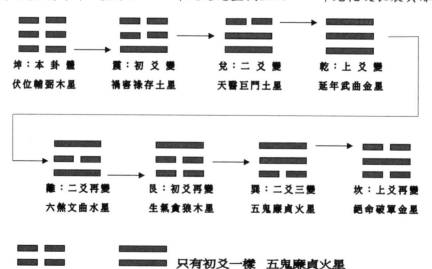

坤：本卦體　　　　　震：初爻變　　　　　兌：二爻變　　　　　乾：上爻變
伏位輔弼木星　　　禍害祿存土星　　　　天醫巨門土星　　　延年武曲金星

離：二爻再變　　　　艮：初爻再變　　　　巽：二爻三變　　　　坎：上爻再變
六煞文曲水星　　　生氣貪狼木星　　　　五鬼廉貞火星　　　絕命破軍金星

只有初爻一樣　五鬼廉貞火星

八星遊年卦變淺說

　　八星遊變之四吉星、四凶星，用在風水學上的八宅吉凶；換算成數字的組合，則可做為開運易數的吉凶，生命易數的吉凶皆由此出。

　　八宅吉凶是以宅相遊變，一卦管三山，三山不同宅相；故 24 山～每山的遊變各自獨立。僅適用於陽宅。

　　注：凶星宅並非是不吉之宅，只要與紫白飛星搭配得法，亦是旺發之宅。

　　如：甲山庚向，乾納甲，故甲山為乾宅，乾宅坐震宮，故為五鬼廉貞宅。

　　注：在陽宅風水上，有一「五鬼運財局」，就是紫白飛星與八宅吉凶星，
　　　　相互增緣而來的。此「甲山庚向」就是其中一例。

四吉星

生氣貪狼木星：主聰穎、財富、官星、智慧、五子催官、百慶交集。

延年武曲金星：主科甲、富貴、壽星、將星、富貴長壽、吉慶棉來。

天醫巨門土星：主忠厚、福壽、健康、安樂、富有且旺、家道安康。

伏位輔弼木星：主守財、吉祥、吝道、財星、日進斗財、吉慶漸來。

四凶星

絕命破軍金星：主狠暴、血光、盜賊、人傷、絕子傷嗣、疾病退財。

五鬼廉貞火星：主燥火、忤逆、血光、殺星、回祿之殃、盜賊劫掠。

禍害祿存土星：主桃花、科甲、刑戮、流夷、官訟刑獄、失財人傷。

六煞文曲水星：主愚頑、孤妄、盜賊、官災、官非疾病、財散人傷。

開運易數吉凶星《以卦取數》

伏位輔弼：11・22・33・44・66・77・88・99

延年武曲：19・26・34・43・62・78・87・91

生氣貪狼：14・28・39・41・67・76・82・93

天醫巨門：13・27・31・49・68・72・86・94

絕命破軍：12・21・37・48・69・73・84・96

六煞文曲：16・29・38・47・61・74・83・92

禍害祿存：17・23・32・46・64・71・89・98

五鬼廉貞：18・24・36・42・63・79・81・97

此吉凶數，乃各門各派自行開創的易數開運密碼，皆由此八星遊變而來。

手機門號與名片開運法

個人自行開創的是根據每個人的生辰八字，以河洛理數的先後天卦取得木火通明或金水相生局，再以生辰月令設計出一套專有的開運密碼；這套數理是根據易經六十四卦而來，每卦都有月令所屬，故這些數理亦有所屬的月令，因此開運密碼的設計，也需以生辰月令為主。

個人開發研究印證這套數理，用了至少六年的時間，超過 500 個案的追蹤印證，功成之後，因無暇推廣，只能持續利益有緣者。

開運易數與六十四卦

開運易數與六十四卦「生氣貪狼木星」

14 水風井卦「生氣貪狼」三月震木・五世卦

吉解：德澤普施，樂天知命，才足謀遂，營謀獲利，功名利達。

凶解：無德道窮，癖疾見妒，難逢佳會，營謀阻滯，修藏避禍。

28 地山謙卦「生氣貪狼」九月兌金・五世卦

吉解：遇貴成事，遠涉江湖，以作商旅，則利倍獲，吉慶相逢。

凶解：爭訟之憂，不可輕舉，勞心費力，固守退讓，知機免損。

39 雷火豐卦「生氣貪狼」九月坎水・五世卦

吉解：貴人提攜，進取有賴，謀望克遂，功名利達，福慶豐厚。

凶解：恃才傲物，招尤啟釁，傷親破祖，孤親寡眷，惹謗招疑。

41 風水渙卦「生氣貪狼」三月離火・五世卦

吉解：尊上提舉，飛騰之應，謀為順遂，僧道受恩，求利者獲。

凶解：勞心勞力，奔波失脫，訟獄之憂，疾厄之危，泣血之殃。

注1：六十四卦取數：

例1：水風井卦，上卦「坎」水1，下卦「巽」風4。故取14。

例2：地山謙卦，上卦「坤」地2，下卦「艮」山8。故取28。

例3：雷火豐卦，上卦「震」雷3，下卦「離」火9。故取39。

例 4：風水渙卦，上卦「巽」風 4，下卦「坎」水 1。故取 41。

以下依此類推。

開運易數與六十四卦「生氣貪狼木星」

67 天澤履卦「生氣貪狼」三月艮土・五世卦

吉解：虎榜提名，弘化有道，升遷有期，營謀有計，財利日增。

凶解：人情寡合，爭訟之撓，履危蹈險，躁動妄行，成立艱苦。

76 澤天夬卦「生氣貪狼」三月坤土・五世卦

吉解：福澤遠深，志得謀遂，營謀遂意，清風明月，殿頭之兆。

凶解：爭訟結枸，招尤啟釁，謀為頓挫，孤獨寡親，妄行之患。

82 山地剝卦「生氣貪狼」九月乾金・五世卦

吉解：忠直從善，人情和合，貴客薦舉，婦人進財，營謀拔萃。

凶解：幹謀不遂，卑者侵凌，尊者猜忌，履危蹈險，爭訟刑剋。

93 火雷噬嗑「生氣貪狼」九月巽木・五世卦

吉解：遇貴荐拔，經商獲利，豐衣足食，積蓄塵紅，自然穩當。

凶解：易事難幹，是非撓括，刑罰風疾，或生暗疾，嚴防爭訟。

注 2：以上吉解、凶解，是個人根據卦意六爻所得的敬語。

注 3：至於幾世卦、月令與吉凶星，請參閱分宮卦象與八宮所屬。

開運易數與六十四卦「延年武曲金星」

19 水火既濟「延年武曲」正月坎水‧三世卦

吉解：周思遠慮，謀近有實，積德施功，山林幽客，可受其福。

凶解：謀遠成虛，久而後克，好爭喜頌，隙漏之驚，名利無實。

26 地天泰卦「延年武曲」正月坤土‧三世卦

吉解：必遇尊貴，內助有功，營謀獲利，財利日增，飛騰有日。

凶解：虧己逞強，言語有傷，小人侵凌，營謀失利，勞碌不暇。

34 雷風恆卦「延年武曲」正月震木‧三世卦

吉解：中正有德，求名望利，營謀有益，志得謀遂，福澤無窮。

凶解：損行滅德，謀為偓蹇，爭訟之撓，招毀謗損，營謀費力。

43 風雷益卦「延年武曲」七月巽木‧三世卦

吉解：上人荐舉，良朋類集，家興業舉，商賈獲利，享祀獲福。

凶解：貪謀之謫，奪境之辱，刑剋損傷，口舌官災，貪財損物。

荒地無人耕，耕起眾人爭

開運易數與六十四卦「延年武曲金星」

62 天地否卦「延年武曲」七月乾金・三世卦

吉解：有德有才，寬而有容，得人荐舉，田業日增，僧道最宜。

凶解：藏器待時，機會難逢，是非爭訟，骨肉刑傷，名利難遂。

78 澤山咸卦「延年武曲」正月兌金・三世卦

吉解：相時而進，微而謀遠，眾口稱譽，功業盛大，吉祥自至。

凶解：志昏量狹，謀巧見拙，奔波徒勞，求遂不暇，難逢嘉會。

87 山澤損卦「延年武曲」七月艮土・三世卦

吉解：大發天財，巧於人謀，會計允當，商旅獲利，僧道領眾。

凶解：虛中無物，欲進不達，欲退無機，難於遠謀，奔走衣食。

91 火水未濟「延年武曲」七月離火・三世卦

吉解：貴人提舉，魁元之兆，謀遂志行，大業隆富，金帛有積。

凶解：縱慾無節，悖義不知，涉水行舟，謹防濡溺，危殆難免。

廣大配天地，變通配適時

開運易數與六十四卦「天醫巨門土星」

13 水雷屯卦「天醫巨門」六月坎水・二世卦

吉解：祿美譽彰，升遷有地，良婦興家，交締之美，百謀克遂。

凶解：妄行取困，難遇提攜，漂泊生涯，功名難遂，婚姻孤剋。

27 地澤臨卦「天醫巨門」12 月坤土・二世卦

吉解：上承天寵，進修正道，近取遠取，營謀稱意，平步青雲。

凶解：喜中不足，樂處悲生，巧於媚世，損物欺人，悲愁怨苦。

31 雷水解卦「天醫巨門」12 月震木・二世卦

吉解：升遷有機，登科之喜，福量寬洪，所謀皆遂，德業隆盛。

凶解：招尤啟釁，舉止無措，淫朋荒德，寇盜訟非，婚姻有損。

49 風火家人「天醫巨門」六月巽木・二世卦

吉解：貴人提攜，圖謀稱情，進取成名，理財聚利，女命助功。

凶解：乖戾之失，喜怒不常，縱慾敗度，家業凋零，耽迷之恙。

謀初要百慮，善後乃萬全

開運易數與六十四卦「天醫巨門土星」

68 天山遯卦「天醫巨門」六月乾金・二世卦

吉解：宅心正大，必近尊貴，決事快便，營謀獲利，福祿豐厚。

凶解：營謀迍邅，路險途窮，下人侵侮，舉動無措，牽執不悅。

72 澤地萃卦「天醫巨門」六月兌金・二世卦

吉解：常存敬畏，推賢荐能，德盛福隆，海宇流芳，謀為遂意。

凶解：聽乎讒言，六親冷淡，家業寂寥，營謀有阻，名利成虛。

86 山天大畜「天醫巨門」12月艮土・二世卦

吉解：薦舉登天，進取成名，知機圖存，營謀克遂，飛騰之應。

凶解：妄舉躁動，損失難免，失脫災非，奔走勞役，日暮生愁。

94 火風鼎卦「天醫巨門」12月離火・二世卦

吉解：上承天寵，家基豐富，安穩利達，商農獲利，金玉滿贏。

凶解：嘉會難遇，恃強妄作，讒邪之謗，足疾之患，破損之災。

欣賞別人，就是莊嚴自己

開運易數與六十四卦「伏位輔弼木星」

11 坎為水卦「伏位輔弼」10月坎水・本宮卦

吉解：上應天命，誠實謙厚，排忿解厄，交締結姻，德業榮昌。

凶解：所遇非時，陷溺之危，血氣之疾，坎坷爭訟，福澤淺薄。

22 坤為地卦「伏位輔弼」10月坤土・本宮卦

吉解：坤道方長，命婦德婦，仕職高遷，經營獲利，栗帛多增。

凶解：爭鬥之撓，讒佞之禍，妒忌之嗟，仇怨之虞，經營阻滯。

33 震為雷卦「伏位輔弼」10月震木・本宮卦

吉解：深思長慮，專功遠人，轉移之術，區畫之謀，驚人之兆。

凶解：無德致禍，夫婦有刑，爭訟失脫，一籌莫展，利名皆虛。

44 巽為風卦「伏位輔弼」四月巽木・本宮卦

吉解：清才美譽，知見先機，決意遠圖，謀圖利達，獲利獲福。

凶解：招釁啟尤，志驕意悍，多招疑謗，圖謀艱辛，窮困之厄。

易道廣大，百姓日用而不知

開運易數與六十四卦「伏位輔弼木星」

66 乾為天卦「伏位輔弼」四月乾金・本宮卦

吉解：尊貴抬舉，謀遂志得，商賈獲利，僧道加持，飛黃騰達。

凶解：女子性躁，佳會難逢，小人染污，在商室滯，名利不耀。

77 兌為澤卦「伏位輔弼」10 月兌金・本宮卦

吉解：行藏有望，升遷之兆，進取之喜，商賈獲利，百謀皆遂。

凶解：失道忘身，奔竟之嗟，詭隨苟合，陰邪憂害，營謀不顯。

88 艮為山卦「伏位輔弼」四月艮土・本宮卦

吉解：高風勁節，藏修謹厚，僧道科名，商賈獲利，謀望遂意。

凶解：越分之謀，縱慾之危，強梗不順，苦於勞役，危屬不安。

99 離為火卦「伏位輔弼」四月離火・本宮卦

吉解：樂天知命，福量寬洪，氣識遠大，柔麗謙和，經營獲利。

凶解：妄行取困，樂中生悲，損身傷財，刑妻剋子，經營蹇滯。

明機巧而不用，近名利而不沾

開運易數與六十四卦「絕命破軍金星」

12 水地比卦「絕命破軍」七月坤土・歸魂卦

吉解：得貴倚附，登荐超遷，求謀有得，營謀協意，百謀稱心。

凶解：同僚不睦，氣血損傷，損友猜疑，爭訟破財，刑剋災殃。

21 地水師卦「絕命破軍」七月坎水・歸魂卦

吉解：必遇貴人，僧道受恩，女命受封，財貨日增，謀遂志得。

凶解：多阻多拙，妄動之危，悲憂多至，災咎外生，福澤淺薄。

37 雷澤歸妹「絕命破軍」七月兌金・歸魂卦

吉解：黜浮從雅，功名利達，登科及第，財帛豐足，福澤豐隆。

凶解：多逢艱阻，疾患跛跛，謀為迍邅，孤苦勞神，營謀皆空。

48 風山漸卦「絕命破軍」正月艮土・歸魂卦

吉解：得人提舉，謀為卓然，羽衣僧道，金谷庖廚，福澤永崇。

凶解：離祖外居，親鄰寡合，做事乖違，多招謗議，盜賊侵害。

伏久者飛必高，開先者謝獨早

開運易數與六十四卦「絕命破軍金星」

69 天火同人「絕命破軍」正月離火‧歸魂卦

吉解：心地寬大，才德清高，升遷有地，登荐有機，經營獲利。

凶解：好強逞勢，心僻性偏，玩法悖義，猜疑忌斜，悲歡迭見。

73 澤雷隨卦「絕命破軍」七月震木‧歸魂卦

吉解：好賢忘勢，貴人抬舉，多得佳會，營謀獲利，喜氣臨門。

凶解：進則困窮，生計艱難，拘絆之災，小人毀謗，縲紲之憂。

84 山風蠱卦「絕命破軍」正月巽木‧歸魂卦

吉解：清才異俗，聲名揚溢，獲拔寵召，忠直多富，謀為遂意。

凶解：躁急之失，心多憂疑，事欠果斷，路遠多阻，其苦難諧。

96 火天大有「絕命破軍」正月乾金‧歸魂卦

吉解：趁機而進，相時而動，求利有餘，營謀厚載，財谷豐裕。

凶解：驕縱取禍，貪謀私己，晦滯蹇塞，小輩欺凌，刑傷難免。

想在人前顯貴，必在背後受罪

開運易數與六十四卦「五鬼廉貞火星」

18 水山蹇卦「五鬼廉貞」八月兌金・四世卦

吉解：上承祖愛，下續賢嗣，良朋提攜，進取成名，利名兩遂。

凶解：涉艱歷險，牽連訟非，刑剋損傷，營謀有阻，思慮成空。

24 地風升卦「五鬼廉貞」八月震木・四世卦

吉解：謙恭之德，獲貴拔引，功名利達，德業日新，謀遂得志。

凶解：不知止者，身居空洞，貪利辱身，求謀有阻，幽冥之非。

36 雷天大壯「五鬼廉貞」二月坤土・四世卦

吉解：謙居正位，利名通達，花柳爭開，謀為稱意，家業豐厚。

凶解：越分悖義，妄進取困，爭訟有悔，進取阻滯，籌策莫展。

42 風地觀卦「五鬼廉貞」八月乾金・四世卦

吉解：清譽高才，富婦助力，望求見益，名成利通，商賈獲利。

凶解：去就疑遲，進退無常，弄巧成拙，進取艱難，營謀阻滯。

魚相忘於江湖，人相忘於道術

開運易數與六十四卦「五鬼廉貞火星」

63 天雷无妄「五鬼廉貞」二月巽木・四世卦

吉解：知時識勢，志願大遂，圖謀有實，商賈獲利，富貴天然。

凶解：奔波詭詐，招尤啟禍，是非迭生，生計艱難，家業難興。

79 澤火革卦「五鬼廉貞」二月坎水・四世卦

吉解：道大德宏，謀遠志高，高荐之喜，升遷之驟，吉慶元亨。

凶解：輕舉妄動，強貪不厭，卓立艱辛，營謀頓挫，禍患迭生。

81 山水蒙卦「五鬼廉貞」八月離火・四世卦

吉解：行藏遂志，起家立業，或得妻力，百為有成，謀為攸順。

凶解：棄本逐末，人情乖離，暗昧是非，貪婪取辱，爭訟寇盜。

97 火澤睽卦「五鬼廉貞」二月艮土・四世卦

吉解：拔萃之才，命婦受誥，多遇知己，抬舉有人，經營獲利。

凶解：巧中見拙，見事生疑，骨肉刑傷，遭污受誣，進取遲滯。

謙卑而不心虛，鷹眼而不狼步

開運易數與六十四卦「禍害祿存土星」

17 水澤節卦「禍害祿存」11 月坎水‧一世卦
吉解：學貫古今，上承天寵，步上雲梯，謀望遂意，財祿豐盈。
凶解：人情寡合，坎陷之兆，窮奢極慾，不恆其德，失度之愆。

23 地雷復卦「禍害祿存」11 月坤土‧一世卦
吉解：知命達天，創始吉人，清修之士，田谷廣積，經營獲利。
凶解：愚暗昏蒙，乍進乍退，事多反復，貪位之誚，執迷取孽。

32 雷地豫卦「禍害祿存」五月震木‧一世卦
吉解：名清德厚，知己荐舉，鑿石得玉，淘沙見金，經營獲利。
凶解：際遇無機，縱慾敗度，自招傾危，求望無遂，災害難免。

46 風天小畜「禍害祿存」11 月巽木‧一世卦
吉解：拔萃有地，前程顯榮，同志舉拔，營謀得遂，百謀稱心。
凶解：猜忌之禍，夫妻乖違，血氣損傷，足疾氣蠱，凡事難成。

難事必作於易，大事必作於細

開運易數與六十四卦「禍害祿存土星」

64 天風姤卦「禍害祿存」五月乾金・一世卦

吉解：棟樑之才，寬宏大量，尊貴提攜，得賢佐助，富貴利澤。

凶解：妄行取困，道途危阻，災眚杖責，訟爭之憂，營謀艱辛。

71 澤水困卦「禍害祿存」五月兌金・一世卦

吉解：濟困有功，貴人提攜，動則百亨，營謀獲利，福慶日臻。

凶解：久困沉滯，驚憂之患，身孤勢危，謀望頓挫，進取艱阻。

89 山火賁卦「禍害祿存」11 月艮土・一世卦

吉解：性敏學廣，得人提舉，貴人獲利，財谷豐盈，福澤豐裕。

凶解：恃勢妄作，摧抑之患，勞祿奔波，棄易從難，浮蕩之失。

98 火山旅卦「禍害祿存」五月離火・一世卦

吉解：德業崇高，婦人封誥，外賈獲利，資財豐盈，富貴福澤。

凶解：驕亢取禍，招尤啟釁，困迫志窮，局量褊淺，奔波險阻。

繫緣修心，藉事練心，隨處養心

開運易數與六十四卦「六煞文曲水星」

16 水天需卦「六煞文曲」八月坤土・遊魂卦

吉解：觀變知機，必遇貴人，栗帛婚姻，金谷豐盈，吉慶自臨。

凶解：遊談鼓舌，忠言不聽，妄語見信，身遭險陷，讒邪之厄。

29 地火明夷「六煞文曲」八月坎水・遊魂卦

吉解：才德兼具，登天之兆，陰貴相遇，營謀獲利，名利從心。

凶解：得志橫行，動必見挫，謹防暗主，奔馳勞苦，經營艱難。

38 雷山小過「六煞文曲」二月兌金・遊魂卦

吉解：功名科甲，飛騰之兆，貴人汲引，謀望克遂，福祿深厚。

凶解：志驕意滿，恃勢傲物，貪高圖遠，陰禍邪群，禍害迭生。

47 風澤中孚「六煞文曲」八月艮土・遊魂卦

吉解：事功豐隆，貴人提舉，庶俗獲利，百謀克遂，平步青雲。

凶解：鰥寡孤獨，婚姻有傷，人財破損，有志難遂，德業無成。

掃得開突然便去，放不下依舊再來

開運易數與六十四卦「六煞文曲水星」

61 天水訟卦「六煞文曲」二月離火・遊魂卦

吉解：學問冠倫，心性明慧，觀變知機，命婦貞潔，求利必遂。

凶解：喜功貪謀，狂謀圖進，進則阻滯，是非災訟，逐竄流逃。

74 澤風大過「六煞文曲」二月震木・遊魂卦

吉解：譽望清廉，陽得陰助，福量深厚，家業興隆，名利安亨。

凶解：輕動妄舉，刑傷損折，傾覆之患，成立艱辛，難於營謀。

83 山雷頤卦「六煞文曲」八月巽木・遊魂卦

吉解：丹桂飄香，進取成名，貴人贊助，營謀順遂，福澤深遠。

凶解：縱慾耽樂，悖義放肆，躁動生憂，身家破損，心事成空。

92 火地晉卦「六煞文曲」二月乾金・遊魂卦

吉解：陰貴寵任，識遠慮深，求謀稱意，資財豐盈，吉慶雍容。

凶解：無德損物，多事爭鬥，鼠牙之訟，骨肉寡合，雲遮月暗。

　　這套吉凶星的吉解、凶解，是個人根據六十四卦各卦的卦辭爻辭所做的註解，配合吉凶數理的組合，就可知其吉凶悔吝了。

機會是自己創造的，不能一味等待別人的賜予

八宅吉凶星圖解

壬山丙向

巽	離 丙	坤
天醫巨門	伏位輔弼	六煞文曲
震	**壬山：離宅** **離宅坐坎宮** **延年武曲宅**	兌
生氣貪狼		五鬼廉貞
艮	坎 壬	乾
禍害祿存	延年武曲	絕命破軍

子山午向

巽	離 午	坤
生氣貪狼	延年武曲	絕命破軍
震	**子山：坎宅** **坎宅坐坎宮** **伏位輔弼宅**	兌
天醫巨門		禍害祿存
艮	坎 子	乾
五鬼廉貞	伏位輔弼	六煞文曲

癸山丁向

巽 生氣貪狼	離 丁 延年武曲	坤 絕命破軍
震 天醫巨門	**癸山：坎宅** **坎宅坐坎宮** **伏位輔弼宅**	兌 禍害祿存
艮 五鬼廉貞	坎 癸 伏位輔弼	乾 六煞文曲

丑山未向

離 五鬼廉貞	坤 未 天醫巨門	兌 伏位輔弼
巽 六煞文曲	**丑山：兌宅** **兌宅坐艮宮** **延年武曲宅**	乾 生氣貪狼
震 絕命破軍	艮 丑 延年武曲	坎 禍害祿存

艮山坤向

	坤	
離 禍害祿存	**坤** 生氣貪狼	兌 延年武曲
巽 絕命破軍	**艮山：艮宅** **艮宅坐艮宮** **伏位輔弼宅**	乾 天醫巨門
震 六煞文曲	艮 **艮** 伏位輔弼	坎 五鬼廉貞

寅山申向

	坤	
離 伏位輔弼	**申** 六煞文曲	兌 五鬼廉貞
巽 天醫巨門	**寅山：離宅** **離宅坐艮宮** **禍害祿存宅**	乾 絕命破軍
震 生氣貪狼	艮 **寅** 禍害祿存	坎 延年武曲

甲山庚向

坤 延年武曲	兑 **庚** 生氣貪狼	乾 伏位輔弼
離 絕命破軍	**甲山：乾宅** **乾宅坐震宮** **五鬼廉貞宅**	坎 六煞文曲
巽 禍害祿存	震 **甲** 五鬼廉貞	艮 天醫巨門

卯山酉向

坤 禍害祿存	兑 **酉** 絕命破軍	乾 五鬼廉貞
離 生氣貪狼	**卯山：震宅** **震宅坐震宮** **伏位輔弼宅**	坎 天醫巨門
巽 延年武曲	震 **卯** 伏位輔弼	艮 六煞文曲

乙山辛向

坤 伏位輔弼	兑 **辛** 天醫巨門	乾 延年武曲
離 六煞文曲	**乙山：坤宅** **坤宅坐震宮** **禍害祿存宅**	坎 絕命破軍
巽 五鬼廉貞	震 **乙** 禍害祿存	艮 生氣貪狼

辰山戌向

兑 禍害祿存	乾 **戌** 六煞文曲	坎 伏位輔弼
坤 絕命破軍	**辰山：坎宅** **坎宅坐巽宮** **生氣貪狼宅**	艮 五鬼廉貞
離 延年武曲	巽 **辰** 生氣貪狼	震 天醫巨門

巽山乾向

兌	乾 **乾**	坎
六煞文曲	禍害祿存	生氣貪狼
坤	**巽山：巽宅** **巽宅坐巽宮** **伏位輔弼宅**	艮
五鬼廉貞		絕命破軍
離	巽 **巽**	震
天醫巨門	伏位輔弼	延年武曲

巳山亥向

兌	乾 **亥**	坎
伏位輔弼	生氣貪狼	禍害祿存
坤	**巳山：兌宅** **兌宅坐巽宮** **六煞文曲宅**	艮
天醫巨門		延年武曲
離	巽 **巳**	震
五鬼廉貞	六煞文曲	絕命破軍

丙山壬向

乾	坎 壬	艮
天醫巨門	五鬼廉貞	伏位輔弼
兌	丙山：艮宅 艮宅坐離宮 禍害祿存宅	震
延年武曲		六煞文曲
坤	離 丙	巽
生氣貪狼	禍害祿存	絕命破軍

午山子向

乾	坎 子	艮
絕命破軍	延年武曲	禍害祿存
兌	午山：離宅 離宅坐離宮 伏位輔弼宅	震
五鬼廉貞		生氣貪狼
坤	離 午	巽
六煞文曲	伏位輔弼	天醫巨門

丁山癸向

乾 生氣貪狼	坎 癸 禍害祿存	艮 延年武曲
兌 伏位輔弼	**丁山：兌宅** **兌宅坐離宮** **五鬼廉貞宅**	震 絕命破軍
坤 天醫巨門	離 丁 五鬼廉貞	巽 六煞文曲

未山丑向

坎 天醫巨門	艮 丑 六煞文曲	震 伏位輔弼
乾 五鬼廉貞	**未山：震宅** **震宅坐坤宮** **禍害祿存宅**	巽 延年武曲
兌 絕命破軍	坤 未 禍害祿存	離 生氣貪狼

坤山艮向

坎	艮 **艮**	震
絕命破軍	生氣貪狼	禍害祿存
乾	**坤山：坤宅** **坤宅坐坤宮** **伏位輔弼宅**	巽
延年武曲		五鬼廉貞
兌	坤 **坤**	離
天醫巨門	伏位輔弼	六煞文曲

申山寅向

坎	艮 **寅**	震
伏位輔弼	五鬼廉貞	天醫巨門
乾	**申山：坎宅** **坎宅坐坤宮** **絕命破軍宅**	巽
六煞文曲		生氣貪狼
兌	坤 **申**	離
禍害祿存	絕命破軍	延年武曲

庚山甲向

艮	震 甲	巽
六煞文曲	伏位輔弼	延年武曲
坎	**庚山：震宅** **震宅坐兌宮** **絕命破軍宅**	離
天醫巨門		生氣貪狼
乾	兌 庚	坤
五鬼廉貞	絕命破軍	禍害祿存

酉山卯向

艮	震 卯	巽
延年武曲	絕命破軍	六煞文曲
坎	**酉山：兌宅** **兌宅坐兌宮** **伏位輔弼宅**	離
禍害祿存		五鬼廉貞
乾	兌 酉	坤
生氣貪狼	伏位輔弼	天醫巨門

辛山乙向

艮	震 乙	巽
絕命破軍	延年武曲	伏位輔弼
坎	**辛山：巽宅** **巽宅坐兌宮** **六煞文曲宅**	離
生氣貪狼		天醫巨門
乾	兌 辛	坤
禍害祿存	六煞文曲	五鬼廉貞

戌山辰向

震	巽 辰	離
生氣貪狼	天醫巨門	伏位輔弼
艮	**戌山：離宅** **離宅坐乾宮** **絕命破軍宅**	坤
禍害祿存		六煞文曲
坎	乾 戌	兌
延年武曲	絕命破軍	五鬼廉貞

乾山巽向

震	巽 **巽**	離
五鬼廉貞	禍害祿存	絕命破軍
艮	**乾山：乾宅** **乾宅坐乾宮** **伏位輔弼宅**	坤
天醫巨門		延年武曲
坎	乾 **乾**	兌
六煞文曲	伏位輔弼	生氣貪狼

亥山巳向

震	巽 巳	離
伏位輔弼	延年武曲	生氣貪狼
艮	**亥山：震宅** **震宅坐乾宮** **五鬼廉貞宅**	坤
六煞文曲		禍害祿存
坎	乾 亥	兌
天醫巨門	五鬼廉貞	絕命破軍

八宅吉凶星重點提示

1、 凶星卦位或凶星宅相，不代表就是不好的宅相，或不好的卦位。

2、 八宅明鏡有此一說：東四命人適合居住東四宅，西四命人適合居住西四宅。這就如同什麼生肖，不能居住什麼坐向的房子是一樣的，不合情理；一家人的生肖各有不同，東、西四命之人也不一樣，如何是好？更何況東、西四命人如何定位？各門各派各執一詞，沒有一說是有學理根據，能讓我們信服的，似乎也只是人云亦云而已。

3、 什麼生肖，不能居住什麼坐向的房子？這是近代學者把葬經拿到陽宅上用，聰明反被聰明誤，致一錯再錯而深植人心；東四命人適合居住東四宅，西四命人適合居住西四宅，似乎也有異曲同工之憾。

4、 在古早的三合院，都以房子的正前方卦位開門，也就是紫白飛星的關煞方開門，這比較合乎宇宙法則，開中門走中庸之道。

5、 個人數十年來的實務歷練，八宅的宅相與吉凶星位，與陽宅的內格局「**大門、香火神位、廚房、衛浴、臥房……等無關**」；但比較偏向於居住者的公領域職位與商業的行業別……等。

6、 八宅的正前卦位，紫白飛星的關煞方，整理所得：
絕命破軍 x 2、五鬼廉貞 x 2、禍害祿存 x 3、六煞文曲 x 3。其中有 2 個坐山，正前方三個卦位皆為凶星卦位。若是凶星卦位不可開門，則與現實不符；由此推論：大門卦位不可開門，與現實不符，則其他如「**香火神位、廚房、衛浴、臥房……等**」亦與八宅吉凶星無關。

紫白飛星圖解：坎卦「壬子癸」三山

巽 辰巽巳 九紫火「財位」	離 丙午丁 五黃關煞	坤 未坤申 七赤金「生氣」
震 甲卯乙 八白土「殺氣」	坎卦：中宮 一白水 入中宮執事	兌 庚酉辛 三碧木「洩氣」
艮 丑艮寅 四綠木「洩氣」	坎 壬子癸 六白金「生氣」	乾 戌乾亥 二黑土「殺氣」

一白水入中宮執事

乾：二黑土「殺氣」

兌：三碧木「洩氣」

艮：四綠木「洩氣」

離：五黃關煞

坎：六白金「生氣」

坤：七赤金「生氣」

震：八白土「殺氣」

巽：九紫火「財位」

紫白飛星圖解：艮卦「丑艮寅」三山

離 丙午丁 三碧木「殺氣」	坤 未坤申 五黃關煞	兌 庚酉辛 一白水「財位」
巽 辰巽巳 七赤金「洩氣」	艮卦：中宮 八白土 入中宮執事	乾 戌乾亥 九紫火「生氣」
震 甲卯乙 六白金「洩氣」	艮 丑艮寅 二黑土「旺氣」	坎 壬子癸 四綠木「殺氣」

八白土入中宮執事

乾：九紫火「生氣」

兌：一白水「財位」

艮：二黑土「旺氣」

離：三碧木「殺氣」

坎：四綠木「殺氣」

坤：五黃關煞

震：六白金「洩氣」

巽：七赤金「洩氣」

紫白飛星圖解：震卦「甲卯乙」三山

坤 未坤申 九紫火「洩氣」	兌 庚酉辛 五黃關煞	乾 戌乾亥 四綠木「旺氣」
離 丙午丁 七赤金「殺氣」	震卦：中宮 三碧木 入中宮執事	坎 壬子癸 八白土「財位」
巽 辰巽巳 二黑土「財位」	震 甲卯乙 一白水「生氣」	艮 丑艮寅 六白金「殺氣」

三碧木入中宮執事

乾：四綠木「旺氣」

兌：五黃關煞

艮：六白金「殺氣」

離：七赤金「殺氣」

坎：八白土「財位」

坤：九紫火「洩氣」

震：一白水「生氣」

巽：二黑土「財位」

紫白飛星圖解：巽卦「辰巽巳」三山

兌 庚酉辛 六白金「殺氣」	乾 戌乾亥 五黃關煞	坎 壬子癸 九紫火「洩氣」
坤 未坤申 一白水「生氣」	巽卦：中宮 四綠木 入中宮執事	艮 丑艮寅 七赤金「殺氣」
離 丙午丁 八白土「財位」	巽 辰巽巳 三碧木「旺氣」	震 甲卯乙 二黑土「財位」

四綠木入中宮執事

乾：五黃關煞

兌：六白金「殺氣」

艮：七赤金「殺氣」

離：八白土「財位」

坎：九紫火「洩氣」

坤：一白水「生氣」

震：二黑土「財位」

巽：三碧木「旺氣」

紫白飛星圖解：離卦「丙午丁」三山

乾 戌乾亥 一白水「殺氣」	坎 壬子癸 五黃關煞	艮 丑艮寅 三碧木「生氣」
兌 庚酉辛 二黑土「洩氣」	離卦：中宮 九紫火 入中宮執事	震 甲卯乙 七赤金「財位」
坤 未坤申 六白金「財位」	離 丙午丁 四綠木「生氣」	巽 辰巽巳 八白土「洩氣」

九紫火入中宮執事

乾：一白水「殺氣」

兌：二黑土「洩氣」

艮：三碧木「生氣」

離：四綠木「生氣」

坎：五黃關煞

坤：六白金「財位」

震：七赤金「財位」

巽：八白土「洩氣」

紫白飛星圖解：坤卦「未坤申」三山

坎 壬子癸 七赤金「洩氣」	艮 丑艮寅 五黃關煞	震 甲卯乙 九紫火「生氣」
乾 戌乾亥 三碧木「殺氣」	坤卦：中宮 二黑土 入中宮執事	巽 辰巽巳 一白水「財位」
兌 庚酉辛 四綠木「殺氣」	坤 未坤申 八白土「旺氣」	離 丙午丁 六白金「洩氣」

二黑土入中宮執事

乾：三碧木「殺氣」

兌：四綠木「殺氣」

艮：五黃關煞

離：六白金「洩氣」

坎：七赤金「洩氣」

坤：八白土「旺氣」

震：九紫火「生氣」

巽：一白水「財位」

紫白飛星圖解：兌卦「庚酉辛」三山

巽 丑艮寅 一白水「洩氣」	震 甲卯乙 五黃關煞	巽 辰巽巳 六白金「旺氣」
坎 壬子癸 三碧木「財位」	兌卦：中宮 七赤金 入中宮執事	離 丙午丁 二黑土「生氣」
乾 戌乾亥 八白土「生氣」	兌 庚酉辛 九紫火「殺氣」	坤 未坤申 四綠木「財位」

七赤金入中宮執事

乾：八白土「生氣」

兌：九紫火「殺氣」

艮：一白水「洩氣」

離：二黑土「生氣」

坎：三碧木「財位」

坤：四綠木「財位」

震：五黃關煞

巽：六白金「旺氣」

紫白飛星圖解：乾卦「戌乾亥」三山

震 甲卯乙 四綠木「財位」	巽 辰巽巳 五黃關煞	離 丙午丁 一白水「洩氣」
艮 丑艮寅 九紫火「殺氣」	乾卦：中宮 六白金 入中宮執事	坤 未坤申 三碧木「財位」
坎 壬子癸 二黑土「生氣」	乾 戌乾亥 七赤金「旺氣」	兌 庚酉辛 八白土「生氣」

六白金入中宮執事

乾：七赤金「旺氣」

兌：八白土「生氣」

艮：九紫火「殺氣」

離：一白水「洩氣」

坎：二黑土「生氣」

坤：三碧木「財位」

震：四綠木「財位」

巽：五黃關煞

紫白飛星圖解

　　紫白飛星：以卦飛奪，一卦管三山，三山同論；只適用於陽宅。

1、卦入中宮，中宮為五，故從六乾起飛，接著七兌、八艮、九離，復從
　　一坎、二坤、三震、四巽的順序飛奪。

2、五黃關煞，一定飛在坐卦的正對面，五黃關煞為當然開門之位，也就
　　是一個房子的正前方為當然開門之位。

3、生旺位在房子的前半段，開門則能旺發；如在後半段，只能做為後門，
　　不能做為前開門之用，若做為前門之用，雖然不會是「凶」門，但違
　　反宇宙自然法則，恐出「**奴欺主，兒女忤逆**」之象。

4、飛「**四綠木**」的卦宮，就是文昌位；若又是四一同宮，則是準發科甲
　　之應。如：坎宮飛四綠木，坎為一，飛四綠木，此為四一同宮；或巽
　　宮飛一白水，巽為四，亦是四一同宮準發科甲之應。

5、財位就是被中宮所剋的死氣方，死氣方是不動方，在陽宅學上「**死氣
　　方**」聽起來有點不祥之兆，故以「**財位**」之名定之。

6、紫白飛星右前方卦位，整理所得；
　　坎卦「**生氣**」，震卦「**旺氣**」，離卦「**生氣**」，坤卦「**生氣**」，兌卦「**旺氣**」，
　　故此五個卦位的坐山，宜虎邊右前方開門，可得生旺之氣，數十年來
　　已印證數百個案，也打破龍邊開門的迷失。

　　注：紫白飛星：在陽宅學上，是決定陽宅內局「**大門、廚灶、浴廁、
祖先神位**」……等的位置是否各居其位。

擇日的八煞飛星圖解

坎卦「壬子癸」三山

巽 辰巽巳 丙子、丙午	離 丙午丁 壬申、壬寅	坤 未坤申 甲戌、甲辰
震 甲卯乙 乙亥、乙巳	**坎宮八煞** **戊辰 戊戌** **入中宮執事**	兌 庚酉辛 庚午、庚子
艮 丑艮寅 辛未、辛丑	坎 壬子癸 癸酉、癸卯	乾 戌乾亥 己巳、己亥

坎卦：戊辰、戊戌
乾宮：己巳、己亥
兌宮：庚午、庚子
艮宮：辛未、辛丑
離宮：壬申、壬寅
坎宮：癸酉、癸卯
坤宮：甲戌、甲辰
震宮：乙亥、乙巳
巽宮：丙子、丙午

艮卦「丑艮寅」三山

離 丙午丁 庚午	坤 未坤申 壬申	兌 庚酉辛 戊辰
巽 辰巽巳 甲戌	**艮宮八煞** **丙寅** **入中宮執事**	乾 戌乾亥 丁卯
震 甲卯乙 癸酉	艮 丑艮寅 己巳	坎 壬子癸 辛未

艮卦：丙寅
乾宮：丁卯
兌宮：戊辰
艮宮：己巳
離宮：庚午
坎宮：辛未
坤宮：壬申
震宮：癸酉
巽宮：甲戌

震卦「甲卯乙」三山

坤 未坤申 丙寅	兌 庚酉辛 壬戌	乾 戌乾亥 辛酉
離 丙午丁 甲子	**震宮八煞** **庚申** **入中宮執事**	坎 壬子癸 乙丑
巽 辰巽巳 戊辰	**震** 甲卯乙 丁卯	艮 丑艮寅 癸亥

震卦：庚申

乾宮：辛酉

兌宮：壬戌

艮宮：癸亥

離宮：甲子

坎宮：乙丑

坤宮：丙寅

震宮：丁卯

巽宮：戊辰

巽卦「辰巽巳」三山

兌 庚酉辛 癸亥	乾 戌乾亥 壬戌	坎 壬子癸 丙寅
坤 未坤申 丁卯	**巽宮八煞** **辛酉** **入中宮執事**	艮 丑艮寅 甲子
離 丙午丁 乙丑	**巽** 辰巽巳 己巳	震 甲卯乙 戊辰

巽卦：辛酉

乾宮：壬戌

兌宮：癸亥

艮宮：甲子

離宮：乙丑

坎宮：丙寅

坤宮：丁卯

震宮：戊辰

巽宮：己巳

離卦「丙午丁」三山

乾 戊乾亥 庚子	坎 壬子癸 甲辰	艮 丑艮寅 壬寅
兌 庚酉辛 辛丑	**離宮八煞** **己亥** **入中宮執事**	震 甲卯乙 丙午
坤 未坤申 乙巳	**離** 丙午丁 癸卯	巽 辰巽巳 丁未

離卦：己亥
乾宮：庚子
兌宮：辛丑
艮宮：壬寅
離宮：癸卯
坎宮：甲辰
坤宮：乙巳
震宮：丙午
巽宮：丁未

坤卦「未坤申」三山

坎 壬子癸 庚申·戊申	艮 丑艮寅 戊午·丙午	震 甲卯乙 壬戌·庚戌
乾 戊乾亥 丙辰·甲辰	**坤宮八煞** **乙卯借用癸卯** **入中宮執事**	巽 辰巽巳 癸亥·辛亥
兌 庚酉辛 丁巳·乙巳	**坤** 未坤申 辛酉·己酉	離 丙午丁 己未·丁未

坤卦：乙卯、癸卯
乾宮：丙辰、甲辰
兌宮：丁巳、乙巳
艮宮：戊午、丙午
離宮：己未、丁未
坎宮：庚申、戊申
坤宮：辛酉、己酉
震宮：壬戌、庚戌
巽宮：癸亥、辛亥

兌卦「庚酉辛」三山

艮 丑艮寅 庚申	震 甲卯乙 甲子	巽 辰巽巳 乙丑
坎 壬子癸 壬戌	**兌宮八煞** **丁巳** **入中宮執事**	離 丙午丁 辛酉
乾 戌乾亥 戊午	兌 庚酉辛 己未	坤 未坤申 癸亥

兌卦：丁巳

乾宮：戊午

兌宮：己未

艮宮：庚申

離宮：辛酉

坎宮：壬戌

坤宮：癸亥

震宮：甲子

巽宮：乙丑

乾卦「戌乾亥」三山

震 甲卯乙 辛丑・己丑	巽 辰巽巳 壬寅・庚寅	離 丙午丁 戊戌・丙戌
艮 丑艮寅 丁酉・乙酉	**乾宮八煞** **甲午借用壬午** **入中宮執事**	坤 未坤申 庚子・戊子
坎 壬子癸 己亥・丁亥	乾 戌乾亥 乙未・癸未	兌 庚酉辛 丙申・甲申

乾卦：甲午、壬午

乾宮：乙未、癸未

兌宮：丙申、甲申

艮宮：丁酉、乙酉

離宮：戊戌、丙戌

坎宮：己亥、丁亥

坤宮：庚子、戊子

震宮：辛丑、己丑

巽宮：壬寅、庚寅

八煞飛星：擇日敬慎

　　陰陽宅的造作，擇日應避開三殺，還有八煞飛星各卦宮以及入中宮的八煞黃泉。 注：年月日時煞是屬於「天地煞」的一環。

八煞歌訣

　　坎龍坤兔震山猴，巽雞乾馬兌蛇頭。艮虎離豬為八煞，宅墓逢之一齊休。

　　我們看它的排序：坎龍坤兔震山猴，巽雞乾馬兌蛇頭，艮虎離豬。

　　不就是「一坎二坤三震四巽，六乾七兌八艮九離」這個口訣的排序嗎？古人作歌訣的排序，必有他的作意，值得我們深究！

　　比較有共識的是：此歌訣是渾天甲子卦的官鬼爻，是正八煞。所謂官鬼者：非官即鬼，即卦爻所屬五行，煞本卦體五行，謂之官鬼。事實上有九煞，坎有二煞，餘各一煞，合計九煞，但因只有八卦八宮，所以稱之為八煞。

　　注：若加上乾坤借用壬癸，六十甲子共有 11 煞。

　　此八煞歌訣，古人只作歌訣，怎麼回事的文字記載，似乎已經流失，各門各派也就各自表述了。個人有幸取得口傳心法訣，此八煞歌訣乃擇日用語，其飛泊用法與紫白飛星同。

　　基於此，個人做了數十年的個案追蹤印證。我們常會聽到，某工地發生工安意外？某出殯行列發生送行者的意外？或入宅或移徙或婚嫁，皆有所聞。關鍵就在這八煞黃泉年月日時的沖犯，請莫等閒。

注：在風水地理上，若犯了「天地煞」可用「龍符」制煞挽救。

八煞飛星：擇日的忌避

以坎卦「壬子癸」三山為例

廚房若在艮宮需要整修，除了避開三殺「寅午戌」，還要避開艮宮的「辛未、辛丑」月日時，以及中宮的八煞黃泉「戊辰、戊戌」月日時。

浴廁若在兌宮需要整修，除了避開三殺「寅午戌」，還要避開兌宮的「庚午、庚子」月日時，以及中宮的八煞黃泉「戊辰、戊戌」月日時。

若此坐向起造房屋：除要避開三殺「寅午戌」外，還須避開中宮的八煞黃泉「戊辰、戊戌」月日時。

巽 辰巽巳 丙子、丙午	離 丙午丁 壬申、壬寅	坤 未坤申 甲戌、甲辰
震 甲卯乙 乙亥、乙巳	**坎宮八煞** **戊辰 戊戌** **入中宮執事**	兌 庚酉辛 庚午、庚子
艮 丑艮寅 辛未、辛丑	坎 壬子癸 癸酉、癸卯	乾 戌乾亥 己巳、己亥

坎卦：戊辰、戊戌
乾宮：己巳、己亥
兌宮：庚午、庚子
艮宮：辛未、辛丑
離宮：壬申、壬寅
坎宮：癸酉、癸卯
坤宮：甲戌、甲辰
震宮：乙亥、乙巳
巽宮：丙子、丙午

餘仿此例類推。

分宮卦象與八宮所屬圖解

乾宮：分宮卦象與八宮所屬

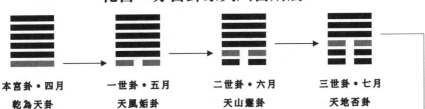

本宮卦・四月	一世卦・五月	二世卦・六月	三世卦・七月
乾為天卦	天風姤卦	天山遯卦	天地否卦
伏位輔弼木星	禍害祿存土星	天醫巨門土星	延年武曲金星

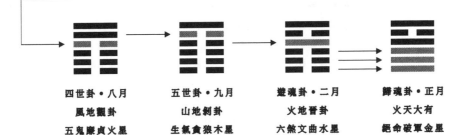

四世卦・八月	五世卦・九月	遊魂卦・二月	歸魂卦・正月
風地觀卦	山地剝卦	火地晉卦	火天大有
五鬼廉貞火星	生氣貪狼木星	六煞文曲水星	絕命破軍金星

兌宮：分宮卦象與八宮所屬

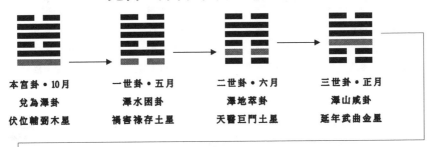

本宮卦・10月	一世卦・五月	二世卦・六月	三世卦・正月
兌為澤卦	澤水困卦	澤地萃卦	澤山咸卦
伏位輔弼木星	禍害祿存土星	天醫巨門土星	延年武曲金星

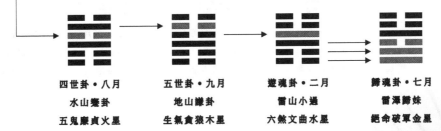

四世卦・八月	五世卦・九月	遊魂卦・二月	歸魂卦・七月
水山蹇卦	地山謙卦	雷山小過	雷澤歸妹
五鬼廉貞火星	生氣貪狼木星	六煞文曲水星	絕命破軍金星

離宮：分宮卦象與八宮所屬

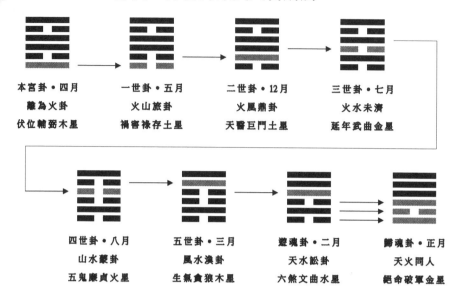

本宮卦・四月	一世卦・五月	二世卦・12月	三世卦・七月
離為火卦	火山旅卦	火風鼎卦	火水未濟
伏位輔弼木星	禍害祿存土星	天醫巨門土星	延年武曲金星

四世卦・八月	五世卦・三月	遊魂卦・二月	歸魂卦・正月
山水蒙卦	風水渙卦	天水訟卦	天火同人
五鬼廉貞火星	生氣貪狼木星	六煞文曲水星	絕命破軍金星

震宮：分宮卦象與八宮所屬

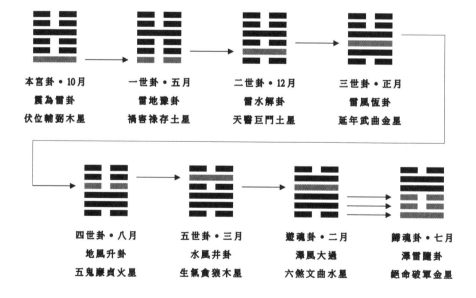

本宮卦・10月	一世卦・五月	二世卦・12月	三世卦・正月
震為雷卦	雷地豫卦	雷水解卦	雷風恆卦
伏位輔弼木星	禍害祿存土星	天醫巨門土星	延年武曲金星

四世卦・八月	五世卦・三月	遊魂卦・二月	歸魂卦・七月
地風升卦	水風井卦	澤風大過	澤雷隨卦
五鬼廉貞火星	生氣貪狼木星	六煞文曲水星	絕命破軍金星

巽宮：分宮卦象與八宮所屬

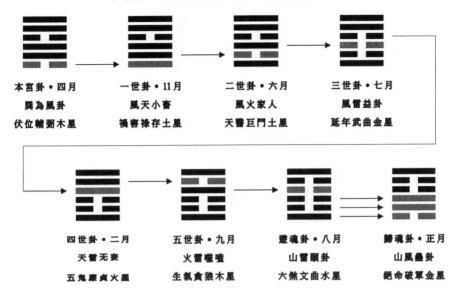

本宮卦•四月　　　　一世卦•11月　　　　二世卦•六月　　　　三世卦•七月

巽為風卦　　　　　　風天小畜　　　　　　風火家人　　　　　　風雷益卦

伏位輔弼木星　　　　禍害祿存土星　　　　天醫巨門土星　　　　延年武曲金星

四世卦•二月　　　　五世卦•九月　　　　遊魂卦•八月　　　　歸魂卦•正月

天雷无妄　　　　　　火雷噬嗑　　　　　　山雷頤卦　　　　　　山風蠱卦

五鬼廉貞火星　　　　生氣貪狼木星　　　　六煞文曲水星　　　　絕命破軍金星

坎宮：分宮卦象與八宮所屬

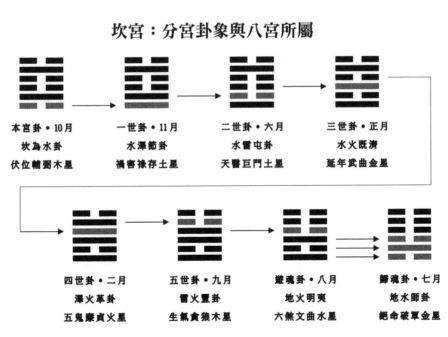

本宮卦•10月　　　　一世卦•11月　　　　二世卦•六月　　　　三世卦•正月

坎為水卦　　　　　　水澤節卦　　　　　　水雷屯卦　　　　　　水火既濟

伏位輔弼木星　　　　禍害祿存土星　　　　天醫巨門土星　　　　延年武曲金星

四世卦•二月　　　　五世卦•九月　　　　遊魂卦•八月　　　　歸魂卦•七月

澤火革卦　　　　　　雷火豐卦　　　　　　地火明夷　　　　　　地水師卦

五鬼廉貞火星　　　　生氣貪狼木星　　　　六煞文曲水星　　　　絕命破軍金星

艮宮：分宮卦象與八宮所屬

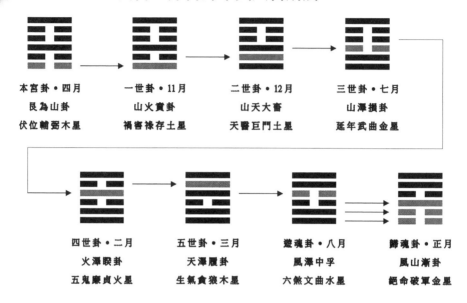

本宮卦・四月　　　一世卦・11月　　　二世卦・12月　　　三世卦・七月

艮為山卦　　　　　山火賁卦　　　　　山天大畜　　　　　山澤損卦

伏位輔弼木星　　　禍害祿存土星　　　天醫巨門土星　　　延年武曲金星

四世卦・二月　　　五世卦・三月　　　遊魂卦・八月　　　歸魂卦・正月

火澤睽卦　　　　　天澤履卦　　　　　風澤中孚　　　　　風山漸卦

五鬼廉貞火星　　　生氣貪狼木星　　　六煞文曲水星　　　絕命破軍金星

坤宮：分宮卦象與八宮所屬

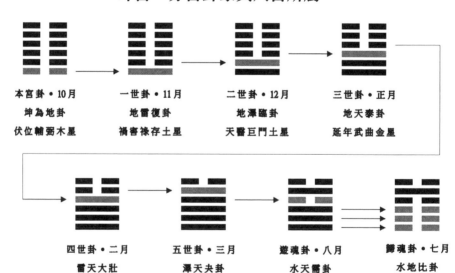

本宮卦・10月　　　一世卦・11月　　　二世卦・12月　　　三世卦・正月

坤為地卦　　　　　地雷復卦　　　　　地澤臨卦　　　　　地天泰卦

伏位輔弼木星　　　禍害祿存土星　　　天醫巨門土星　　　延年武曲金星

四世卦・二月　　　五世卦・三月　　　遊魂卦・八月　　　歸魂卦・七月

雷天大壯　　　　　澤天夬卦　　　　　水天需卦　　　　　水地比卦

五鬼廉貞火星　　　生氣貪狼木星　　　六煞文曲水星　　　絕命破軍金星

分宮卦象與八宮所屬變化與卦體

乾宮：分宮卦象與八宮所屬

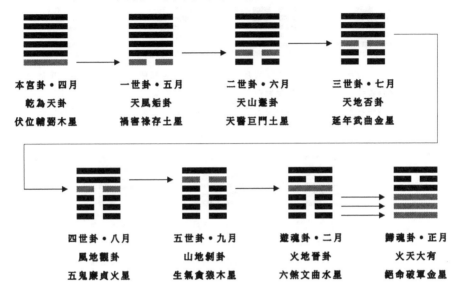

本宮卦・四月　　　一世卦・五月　　　二世卦・六月　　　三世卦・七月

乾為天卦　　　　　天風姤卦　　　　　天山遯卦　　　　　天地否卦

伏位輔弼木星　　　禍害祿存土星　　　天醫巨門土星　　　延年武曲金星

四世卦・八月　　　五世卦・九月　　　遊魂卦・二月　　　歸魂卦・正月

風地觀卦　　　　　山地剝卦　　　　　火地晉卦　　　　　火天大有

五鬼廉貞火星　　　生氣貪狼木星　　　六煞文曲水星　　　絕命破軍金星

分宮卦象是由八主卦，透過……

　　初爻變一世卦、二爻變二世卦、三爻變三世卦、四爻變四世卦、五爻變五世卦、下飛四往遊魂卦、下卦還原歸魂卦等七個變化而得。得出來的每個卦的卦體五行，皆與本卦體的五行屬性相同。

　　如上圖：乾為天卦五行屬金，則其遊變的另七個卦「**天風姤卦、天山遯卦、天地否卦、風地觀卦、山地剝卦、火地晉卦、火天大有**」，這七個卦的卦體亦屬金。

　　注：其餘一一仿此例類推。

莫將容易得，便作等閒看

六十四卦月令所屬之理

震宮：分宮卦象與八宮所屬

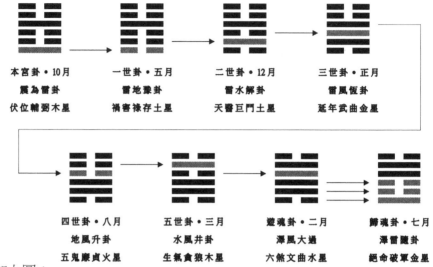

本宮卦・10月	一世卦・五月	二世卦・12月	三世卦・正月
震為雷卦	雷地豫卦	雷水解卦	雷風恆卦
伏位輔弼木星	禍害祿存土星	天醫巨門土星	延年武曲金星

四世卦・八月	五世卦・三月	遊魂卦・二月	歸魂卦・七月
地風升卦	水風井卦	澤風大過	澤雷隨卦
五鬼廉貞火星	生氣貪狼木星	六煞文曲水星	絕命破軍金星

如上圖：

雷地豫卦：陰主五月，一陰在午也。雷水解卦：陽主十二月，二陽在丑也。

雷風恆卦：陽主正月，三陽在寅也。地風升卦：陰主八月，四陰在酉也。

水風井卦：陽主三月，五陽在辰也。澤風大過：陽主二月，四陽在卯也。

澤雷隨卦：陰主七月，三陰在申也。

一世卦陰主五月，一陰在午也。※。一世卦陽主十一月，一陽在子也。

二世卦陰主六月，二陰在未也。※。二世卦陽主十二月，二陽在丑也。

三世卦陰主七月，三陰在申也。※。三世卦陽主正月，三陽在寅也。

四世卦陰主八月，四陰在酉也。※。四世卦陽主二月，四陽在卯也。

五世卦陰主九月，五陰在戌也。※。五世卦陽主三月，五陽在辰也。

八純卦陰主十月，六陰在亥也。※。八純卦陽主四月，六陽在巳也。

遊魂四世所主與四世卦同。歸魂三世所主與三世卦同。

一世二世為地易。三世四世為人易。五世與八純為天易。遊魂歸魂為鬼易。

六十四卦納甲圖解

六十四卦八主卦六畫卦之納甲法

乾為天卦	坤為地卦
乾為陽首‧配納甲為用	坤為陰首‧配納甲為用
壬甲從乾數‧卦體屬金	乙癸向坤求‧卦體屬土
起地支之子配天干之甲‧順行內卦往復而行	起地支之未配天干之乙‧逆行內卦往復而行
起地支之午配天干之壬‧順行外卦往復而行	起地支之丑配天干之癸‧逆行外卦往復而行

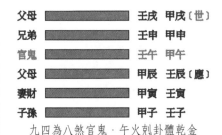

乾為天卦
- 父母 ▬▬▬ 壬戌 甲戌〔世〕
- 兄弟 ▬▬▬ 壬申 甲申
- 官鬼 ▬▬▬ 壬午 甲午
- 父母 ▬▬▬ 甲辰 壬辰〔應〕
- 妻財 ▬▬▬ 甲寅 壬寅
- 子孫 ▬▬▬ 甲子 壬子

九四為八煞官鬼‧午火剋卦體乾金

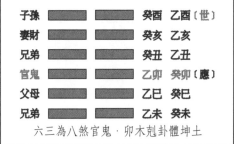

坤為地卦
- 子孫 ▬ ▬ 癸酉 乙酉〔世〕
- 妻財 ▬ ▬ 癸亥 乙亥
- 兄弟 ▬ ▬ 癸丑 乙丑
- 官鬼 ▬ ▬ 乙卯 癸卯〔應〕
- 父母 ▬ ▬ 乙巳 癸巳
- 兄弟 ▬ ▬ 乙未 癸未

六三為八煞官鬼‧卯木剋卦體坤土

艮為山卦	兌為澤卦
艮為少男‧配納甲為用	兌為少女‧配納甲為用
丙於艮門立‧卦體屬土	丁向兌家流‧卦體屬金
起地支之辰‧配天干之丙‧順行陽支而行	起地支之巳‧配天干之丁‧逆行陰支而行

艮為山卦
- 官鬼 ▬▬▬ 丙寅〔世〕
- 妻財 ▬ ▬ 丙子
- 兄弟 ▬ ▬ 丙戌
- 子孫 ▬▬▬ 丙申〔應〕
- 父母 ▬ ▬ 丙午
- 兄弟 ▬ ▬ 丙辰

上九為八煞官鬼‧寅木剋卦體艮土

兌為澤卦
- 父母 ▬ ▬ 丁未〔世〕
- 兄弟 ▬▬▬ 丁酉
- 子孫 ▬▬▬ 丁亥
- 父母 ▬ ▬ 丁丑〔應〕
- 妻財 ▬▬▬ 丁卯
- 官鬼 ▬▬▬ 丁巳

初九為八煞官鬼‧巳火剋卦體兌金

八煞者八卦之煞也！坎有二煞，共應九煞‧借用乾坤二卦，共有十一煞。因八卦，所以稱八煞！

離為火卦

離為中女‧配納甲為用

己以離為頭‧卦體屬火

起地支之卯‧配天干之己‧逆行陰支而行

兄弟	▅▅▅▅▅	己巳〔世〕
子孫	▅▅ ▅▅	己未
妻財	▅▅▅▅▅	己酉
官鬼	▅▅▅▅▅	己亥〔應〕
子孫	▅▅ ▅▅	己丑
父母	▅▅▅▅▅	己卯

九三為八煞官鬼‧亥水剋卦體離火

坎為水卦

坎為中男‧配納甲為用

戊須坎處出‧卦體屬水

起地支之寅‧配天干之戊‧順行陽支而行

兄弟	▅▅ ▅▅	戊子〔世〕
官鬼	▅▅▅▅▅	戊戌
父母	▅▅ ▅▅	戊申
妻財	▅▅ ▅▅	戊午〔應〕
官鬼	▅▅▅▅▅	戊辰
子孫	▅▅ ▅▅	戊寅

九二為八煞官鬼‧辰土剋卦體坎水

九五為八煞官鬼‧戌土剋卦體坎水

震為雷卦

震為長男‧配納甲為用

庚來震上立‧卦體屬木

起地支之子‧配天干之庚‧順行陽支而行

妻財	▅▅ ▅▅	庚戌〔世〕
官鬼	▅▅ ▅▅	庚申
子孫	▅▅▅▅▅	庚午
妻財	▅▅ ▅▅	庚辰〔應〕
兄弟	▅▅ ▅▅	庚寅
父母	▅▅▅▅▅	庚子

六五為八煞官鬼‧申金剋卦體震木

巽為風卦

巽為長女‧配納甲為用

辛在巽方游‧卦體屬木

起地支之丑‧配天干之辛‧逆行陰支而行

兄弟	▅▅▅▅▅	辛卯〔世〕
子孫	▅▅▅▅▅	辛巳
妻財	▅▅ ▅▅	辛未
官鬼	▅▅▅▅▅	辛酉〔應〕
父母	▅▅▅▅▅	辛亥
妻財	▅▅ ▅▅	辛丑

九三為八煞官鬼‧酉金剋卦體巽木

八主卦的官鬼在羅經盤上稱之為八煞黃泉（陰陽宅皆適用）。

六十四卦六親納甲速檢表「乾」

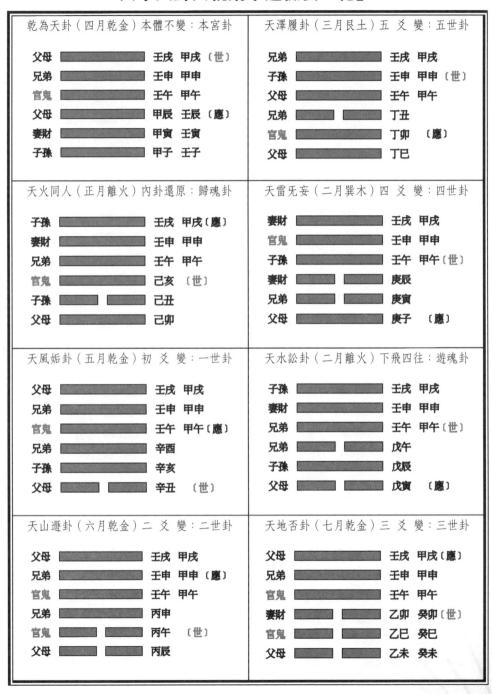

乾為天卦（四月乾金）本體不變：本宮卦

父母	▬▬▬	壬戌 甲戌 〔世〕
兄弟	▬▬▬	壬申 甲申
官鬼	▬▬▬	壬午 甲午
父母	▬▬▬	甲辰 壬辰 〔應〕
妻財	▬▬▬	甲寅 壬寅
子孫	▬▬▬	甲子 壬子

天澤履卦（三月艮土）五爻變：五世卦

兄弟	▬▬▬	壬戌 甲戌
子孫	▬▬▬	壬申 甲申 〔世〕
父母	▬▬▬	壬午 甲午
兄弟	▬ ▬	丁丑
官鬼	▬▬▬	丁卯 〔應〕
父母	▬▬▬	丁巳

天火同人（正月離火）內卦還原：歸魂卦

子孫	▬▬▬	壬戌 甲戌 〔應〕
妻財	▬▬▬	壬申 甲申
兄弟	▬▬▬	壬午 甲午
官鬼	▬▬▬	己亥 〔世〕
子孫	▬ ▬	己丑
父母	▬▬▬	己卯

天雷无妄（二月巽木）四爻變：四世卦

妻財	▬▬▬	壬戌 甲戌
官鬼	▬▬▬	壬申 甲申
子孫	▬▬▬	壬午 甲午 〔世〕
妻財	▬ ▬	庚辰
兄弟	▬ ▬	庚寅
父母	▬▬▬	庚子 〔應〕

天風姤卦（五月乾金）初爻變：一世卦

父母	▬▬▬	壬戌 甲戌
兄弟	▬▬▬	壬申 甲申
官鬼	▬▬▬	壬午 甲午 〔應〕
兄弟	▬▬▬	辛酉
子孫	▬▬▬	辛亥
父母	▬ ▬	辛丑 〔世〕

天水訟卦（二月離火）下飛四往：遊魂卦

子孫	▬▬▬	壬戌 甲戌
妻財	▬▬▬	壬申 甲申
兄弟	▬▬▬	壬午 甲午 〔世〕
兄弟	▬ ▬	戊午
子孫	▬▬▬	戊辰
父母	▬ ▬	戊寅 〔應〕

天山遯卦（六月乾金）二爻變：二世卦

父母	▬▬▬	壬戌 甲戌
兄弟	▬▬▬	壬申 甲申 〔應〕
官鬼	▬▬▬	壬午 甲午
兄弟	▬▬▬	丙申
官鬼	▬ ▬	丙午 〔世〕
父母	▬ ▬	丙辰

天地否卦（七月乾金）三爻變：三世卦

父母	▬▬▬	壬戌 甲戌 〔應〕
兄弟	▬▬▬	壬申 甲申
官鬼	▬▬▬	壬午 甲午
妻財	▬ ▬	乙卯 癸卯 〔世〕
官鬼	▬ ▬	乙巳 癸巳
父母	▬ ▬	乙未 癸未

六十四卦六親納甲速檢表「兌」

澤天夬卦（三月坤土）五 爻 變：五世卦		兌為澤卦（十月兌金）本體不變：本宮卦	
兄弟 ▬▬ ▬▬	丁未	父母 ▬▬ ▬▬	丁未〔世〕
子孫 ▬▬▬▬▬	丁酉〔世〕	兄弟 ▬▬▬▬▬	丁酉
妻財 ▬▬▬▬▬	丁亥	子孫 ▬▬▬▬▬	丁亥
兄弟 ▬▬▬▬▬	甲辰 壬辰	父母 ▬▬ ▬▬	丁丑〔應〕
官鬼 ▬▬▬▬▬	甲寅 壬寅〔應〕	妻財 ▬▬▬▬▬	丁卯
妻財 ▬▬▬▬▬	甲子 壬子	官鬼 ▬▬▬▬▬	丁巳

澤火革卦（二月坎水）四 爻 變：四世卦		澤雷隨卦（七月震木）內卦還原：歸魂卦	
官鬼 ▬▬ ▬▬	丁未	妻財 ▬▬ ▬▬	丁未〔應〕
父母 ▬▬▬▬▬	丁酉	官鬼 ▬▬▬▬▬	丁酉
兄弟 ▬▬▬▬▬	丁亥〔世〕	父母 ▬▬▬▬▬	丁亥
兄弟 ▬▬▬▬▬	己亥	妻財 ▬▬ ▬▬	庚辰〔世〕
官鬼 ▬▬ ▬▬	己丑	兄弟 ▬▬ ▬▬	庚寅
子孫 ▬▬▬▬▬	己卯〔應〕	父母 ▬▬▬▬▬	庚子

澤風大過（二月震木）下飛四往：遊魂卦		澤水困卦（五月兌金）初 爻 變：一世卦	
妻財 ▬▬ ▬▬	丁未	父母 ▬▬ ▬▬	丁未
官鬼 ▬▬▬▬▬	丁酉	兄弟 ▬▬▬▬▬	丁酉
父母 ▬▬▬▬▬	丁亥〔世〕	子孫 ▬▬ ▬▬	丁亥〔應〕
官鬼 ▬▬▬▬▬	辛酉	官鬼 ▬▬ ▬▬	戊午
父母 ▬▬▬▬▬	辛亥	父母 ▬▬▬▬▬	戊辰
妻財 ▬▬ ▬▬	辛丑〔應〕	妻財 ▬▬ ▬▬	戊寅〔世〕

澤山咸卦（正月兌金）三 爻 變：三世卦		澤地萃卦（六月兌金）二 爻 變：二世卦	
父母 ▬▬ ▬▬	丁未〔應〕	父母 ▬▬ ▬▬	丁未
兄弟 ▬▬▬▬▬	丁酉	兄弟 ▬▬▬▬▬	丁酉〔應〕
子孫 ▬▬▬▬▬	丁亥	子孫 ▬▬▬▬▬	丁亥
兄弟 ▬▬▬▬▬	丙申〔世〕	妻財 ▬▬ ▬▬	乙卯 癸卯
官鬼 ▬▬ ▬▬	丙午	官鬼 ▬▬ ▬▬	乙巳 癸巳〔世〕
父母 ▬▬ ▬▬	丙辰	父母 ▬▬ ▬▬	乙未 癸未

六十四卦六親納甲速檢表「離」

<table>
<tr><td colspan="3">火天大有（正月乾金）內卦還原：歸魂卦</td><td colspan="3">火澤睽卦（二月艮土）四 爻 變：四世卦</td></tr>
<tr><td>官鬼</td><td>己巳</td><td>〔應〕</td><td>父母</td><td>己巳</td><td></td></tr>
<tr><td>父母</td><td>己未</td><td></td><td>兄弟</td><td>己未</td><td></td></tr>
<tr><td>兄弟</td><td>己酉</td><td></td><td>子孫</td><td>己酉</td><td>〔世〕</td></tr>
<tr><td>父母</td><td>甲辰 壬辰</td><td>〔世〕</td><td>兄弟</td><td>丁丑</td><td></td></tr>
<tr><td>妻財</td><td>甲寅 壬寅</td><td></td><td>官鬼</td><td>丁卯</td><td></td></tr>
<tr><td>子孫</td><td>甲子 壬子</td><td></td><td>父母</td><td>丁巳</td><td>〔應〕</td></tr>
<tr><td colspan="3">離為火卦（四月離火）本體不變：本宮卦</td><td colspan="3">火雷噬嗑（九月巽木）五 爻 變：五世卦</td></tr>
<tr><td>兄弟</td><td>己巳</td><td>〔世〕</td><td>子孫</td><td>己巳</td><td></td></tr>
<tr><td>子孫</td><td>己未</td><td></td><td>妻財</td><td>己未</td><td>〔世〕</td></tr>
<tr><td>妻財</td><td>己酉</td><td></td><td>官鬼</td><td>己酉</td><td></td></tr>
<tr><td>官鬼</td><td>己亥</td><td>〔應〕</td><td>妻財</td><td>庚辰</td><td></td></tr>
<tr><td>子孫</td><td>己丑</td><td></td><td>兄弟</td><td>庚寅</td><td>〔應〕</td></tr>
<tr><td>父母</td><td>己卯</td><td></td><td>父母</td><td>庚子</td><td></td></tr>
<tr><td colspan="3">火風鼎卦（12月離火）二 爻 變：二世卦</td><td colspan="3">火水未濟（七月離火）三 爻 變：三世卦</td></tr>
<tr><td>兄弟</td><td>己巳</td><td></td><td>兄弟</td><td>己巳</td><td>〔應〕</td></tr>
<tr><td>子孫</td><td>己未</td><td>〔應〕</td><td>子孫</td><td>己未</td><td></td></tr>
<tr><td>妻財</td><td>己酉</td><td></td><td>妻財</td><td>己酉</td><td></td></tr>
<tr><td>妻財</td><td>辛酉</td><td></td><td>兄弟</td><td>戊午</td><td>〔世〕</td></tr>
<tr><td>官鬼</td><td>辛亥</td><td>〔世〕</td><td>子孫</td><td>戊辰</td><td></td></tr>
<tr><td>子孫</td><td>辛丑</td><td></td><td>父母</td><td>戊寅</td><td></td></tr>
<tr><td colspan="3">火山旅卦（五月離火）初 爻 變：一世卦</td><td colspan="3">火地晉卦（二月乾金）下飛四往：遊魂卦</td></tr>
<tr><td>兄弟</td><td>己巳</td><td></td><td>官鬼</td><td>己巳</td><td></td></tr>
<tr><td>子孫</td><td>己未</td><td></td><td>父母</td><td>己未</td><td></td></tr>
<tr><td>妻財</td><td>己酉</td><td>〔應〕</td><td>兄弟</td><td>己酉</td><td>〔世〕</td></tr>
<tr><td>妻財</td><td>丙申</td><td></td><td>妻財</td><td>乙卯 癸卯</td><td></td></tr>
<tr><td>兄弟</td><td>丙午</td><td></td><td>官鬼</td><td>乙巳 癸巳</td><td></td></tr>
<tr><td>子孫</td><td>丙辰</td><td>〔世〕</td><td>父母</td><td>乙未 癸未</td><td>〔應〕</td></tr>
</table>

六十四卦六親納甲速檢表「震」

雷天大壯（二月坤土）四爻 變：四世卦

兄弟	庚戌
子孫	庚申
父母	庚午〔世〕
兄弟	甲辰　壬辰
官鬼	甲寅　壬寅
妻財	甲子　壬子〔應〕

雷澤歸妹（七月兌金）內卦還原：歸魂卦

父母	庚戌〔應〕
兄弟	庚申
官鬼	庚午
父母	丁丑〔世〕
妻財	丁卯
官鬼	丁巳

雷火豐卦（九月坎水）五爻 變：五世卦

官鬼	庚戌
父母	庚申〔世〕
妻財	庚午
兄弟	己亥
官鬼	己丑〔應〕
子孫	己卯

震為雷卦（10月震木）本體不變：本宮卦

妻財	庚戌〔世〕
官鬼	庚申
子孫	庚午
妻財	庚辰〔應〕
兄弟	庚寅
父母	庚子

雷風恆卦（正月震木）三爻 變：三世卦

妻財	庚戌〔應〕
官鬼	庚申
子孫	庚午
官鬼	辛酉〔世〕
父母	辛亥
妻財	辛丑

雷水解卦（12月震木）二爻 變：二世卦

妻財	庚戌
官鬼	庚申〔應〕
子孫	庚午
子孫	戊午
妻財	戊辰〔世〕
兄弟	戊寅

雷山小過（二月兌金）下飛四往：遊魂卦

父母	庚戌
兄弟	庚申
官鬼	庚午〔世〕
兄弟	丙申
官鬼	丙午
父母	丙辰〔應〕

雷地豫卦（五月震木）初爻 變：一世卦

妻財	庚戌
官鬼	庚申
子孫	庚午〔應〕
兄弟	乙卯　癸卯
子孫	乙巳　癸巳
妻財	乙未　癸未〔世〕

六十四卦六親納甲速檢表「巽」

風天小畜（11月巽木）初 爻 變：一世卦

兄弟	▬▬▬	辛卯
子孫	▬▬▬	辛巳
妻財	▬ ▬	辛未　〔應〕
妻財	▬▬▬	甲辰　壬辰
兄弟	▬▬▬	甲寅　壬寅
父母	▬▬▬	甲子　壬子〔世〕

風澤中孚（八月艮土）下飛四往：遊魂卦

官鬼	▬▬▬	辛卯
父母	▬▬▬	辛巳
兄弟	▬ ▬	辛未　〔世〕
兄弟	▬ ▬	丁丑
官鬼	▬▬▬	丁卯
父母	▬▬▬	丁巳　〔應〕

風火家人（六月巽木）二 爻 變：二世卦

兄弟	▬▬▬	辛卯
子孫	▬▬▬	辛巳　〔應〕
妻財	▬ ▬	辛未
父母	▬▬▬	己亥
妻財	▬▬▬	己丑　〔世〕
兄弟	▬▬▬	己卯

風雷益卦（七月巽木）三 爻 變：三世卦

兄弟	▬▬▬	辛卯　〔應〕
子孫	▬▬▬	辛巳
妻財	▬ ▬	辛未
妻財	▬ ▬	庚辰　〔世〕
兄弟	▬ ▬	庚寅
父母	▬▬▬	庚子

巽為風卦（四月巽木）本體不變：本宮卦

兄弟	▬▬▬	辛卯　〔世〕
子孫	▬▬▬	辛巳
妻財	▬ ▬	辛未
官鬼	▬▬▬	辛酉　〔應〕
父母	▬▬▬	辛亥
妻財	▬ ▬	辛丑

風水渙卦（三月離火）五 爻 變：五世卦

父母	▬▬▬	辛卯
兄弟	▬▬▬	辛巳　〔世〕
子孫	▬ ▬	辛未
兄弟	▬ ▬	戊午
子孫	▬▬▬	戊辰　〔應〕
父母	▬ ▬	戊寅

風山漸卦（正月艮土）內卦還原：歸魂卦

官鬼	▬▬▬	辛卯　〔應〕
父母	▬▬▬	辛巳
兄弟	▬▬▬	辛未
子孫	▬ ▬	丙申　〔世〕
父母	▬ ▬	丙午
兄弟	▬ ▬	丙辰

風地觀卦（八月乾金）四 爻 變：四世卦

妻財	▬▬▬	辛卯
官鬼	▬▬▬	辛巳
父母	▬ ▬	辛未　〔世〕
妻財	▬ ▬	乙卯　癸卯
官鬼	▬ ▬	乙巳　癸巳
父母	▬ ▬	乙未　癸未〔應〕

六十四卦六親納甲速檢表「坎」

水天需卦（八月坤土）下飛四往：遊魂卦		水澤節卦（11月坎水）初 爻 變：一世卦	
妻財 ▬▬ ▬▬	戊子	兄弟 ▬▬ ▬▬	戊子
兄弟 ▬▬▬▬	戊戌	官鬼 ▬▬▬▬	戊戌
子孫 ▬▬▬▬	戊申 〔世〕	父母 ▬▬ ▬▬	戊申 〔應〕
兄弟 ▬▬ ▬▬	甲辰 壬辰	官鬼 ▬▬ ▬▬	丁丑
官鬼 ▬▬▬▬	甲寅 壬寅	子孫 ▬▬▬▬	丁卯
妻財 ▬▬▬▬	甲子 壬子〔應〕	妻財 ▬▬▬▬	丁巳 〔世〕

水火既濟（正月坎水）三 爻 變：三世卦		水雷屯卦（六月坎水）二 爻 變：二世卦	
兄弟 ▬▬ ▬▬	戊子 〔應〕	兄弟 ▬▬ ▬▬	戊子
官鬼 ▬▬▬▬	戊戌	官鬼 ▬▬▬▬	戊戌 〔應〕
父母 ▬▬ ▬▬	戊申	父母 ▬▬ ▬▬	戊申
兄弟 ▬▬▬▬	己亥 〔世〕	官鬼 ▬▬ ▬▬	庚辰
官鬼 ▬▬ ▬▬	己丑	子孫 ▬▬ ▬▬	庚寅 〔世〕
子孫 ▬▬▬▬	己卯	兄弟 ▬▬▬▬	庚子

水風井卦（三月震木）五 爻 變：五世卦		坎為水卦（十月坎水）本體不變：本宮卦	
父母 ▬▬ ▬▬	戊子	兄弟 ▬▬ ▬▬	戊子 〔世〕
妻財 ▬▬▬▬	戊戌 〔世〕	官鬼 ▬▬▬▬	戊戌
官鬼 ▬▬▬▬	戊申	父母 ▬▬ ▬▬	戊申
官鬼 ▬▬▬▬	辛酉	妻財 ▬▬ ▬▬	戊午 〔應〕
父母 ▬▬▬▬	辛亥 〔應〕	官鬼 ▬▬▬▬	戊辰
妻財 ▬▬ ▬▬	辛丑	子孫 ▬▬ ▬▬	戊寅

水山蹇卦（八月兌金）四 爻 變：四世卦		水地比卦（七月坤土）內卦還原：歸魂卦	
子孫 ▬▬ ▬▬	戊子	妻財 ▬▬ ▬▬	戊子 〔應〕
父母 ▬▬▬▬	戊戌	兄弟 ▬▬▬▬	戊戌
兄弟 ▬▬ ▬▬	戊申 〔世〕	子孫 ▬▬ ▬▬	戊申
兄弟 ▬▬▬▬	丙申	官鬼 ▬▬ ▬▬	乙卯 癸卯〔世〕
官鬼 ▬▬ ▬▬	丙午	父母 ▬▬ ▬▬	乙巳 癸巳
父母 ▬▬ ▬▬	丙辰 〔應〕	兄弟 ▬▬ ▬▬	乙未 癸未

六十四卦六親納甲速檢表「艮」

山天大畜（12月艮土）二 爻 變：二世卦	山澤損卦（七月艮土）三 爻 變：三世卦
官鬼 ▅▅▅▅▅ 丙寅	官鬼 ▅▅▅▅▅ 丙寅 〔應〕
妻財 ▅▅ ▅▅ 丙子 〔應〕	妻財 ▅▅ ▅▅ 丙子
兄弟 ▅▅ ▅▅ 丙戌	兄弟 ▅▅ ▅▅ 丙戌
兄弟 ▅▅ ▅▅ 甲辰 壬辰	兄弟 ▅▅ ▅▅ 丁丑 〔世〕
官鬼 ▅▅▅▅▅ 甲寅 壬寅 〔世〕	官鬼 ▅▅▅▅▅ 丁卯
妻財 ▅▅▅▅▅ 甲子 壬子	父母 ▅▅▅▅▅ 丁巳

山火賁卦（11月艮土）初 爻 變：一世卦	山雷頤卦（八月巽木）下飛四往：遊魂卦
官鬼 ▅▅▅▅▅ 丙寅	兄弟 ▅▅▅▅▅ 丙寅
妻財 ▅▅ ▅▅ 丙子	父母 ▅▅ ▅▅ 丙子
兄弟 ▅▅ ▅▅ 丙戌 〔應〕	妻財 ▅▅ ▅▅ 丙戌 〔世〕
妻財 ▅▅▅▅▅ 己亥	妻財 ▅▅ ▅▅ 庚辰
兄弟 ▅▅ ▅▅ 己丑	兄弟 ▅▅ ▅▅ 庚寅
官鬼 ▅▅▅▅▅ 己卯 〔世〕	父母 ▅▅▅▅▅ 庚子 〔應〕

山風蠱卦（正月巽木）內卦還原：歸魂卦	山水蒙卦（八月離火）四 爻 變：四世卦
兄弟 ▅▅▅▅▅ 丙寅 〔應〕	父母 ▅▅▅▅▅ 丙寅
父母 ▅▅ ▅▅ 丙子	官鬼 ▅▅ ▅▅ 丙子
妻財 ▅▅ ▅▅ 丙戌	子孫 ▅▅ ▅▅ 丙戌 〔世〕
官鬼 ▅▅▅▅▅ 辛酉 〔世〕	兄弟 ▅▅ ▅▅ 戊午
父母 ▅▅▅▅▅ 辛亥	子孫 ▅▅▅▅▅ 戊辰
妻財 ▅▅ ▅▅ 辛丑	父母 ▅▅ ▅▅ 戊寅 〔應〕

艮為山卦（四月艮土）本體不變：本宮卦	山地剝卦（九月乾金）五 爻 變：五世卦
官鬼 ▅▅▅▅▅ 丙寅 〔世〕	妻財 ▅▅▅▅▅ 丙寅
妻財 ▅▅ ▅▅ 丙子	子孫 ▅▅ ▅▅ 丙子 〔世〕
兄弟 ▅▅ ▅▅ 丙戌	父母 ▅▅ ▅▅ 丙戌
子孫 ▅▅ ▅▅ 丙申 〔應〕	妻財 ▅▅ ▅▅ 乙卯 癸卯
父母 ▅▅ ▅▅ 丙午	官鬼 ▅▅ ▅▅ 乙巳 癸巳 〔應〕
兄弟 ▅▅▅▅▅ 丙辰	父母 ▅▅ ▅▅ 乙未 癸未

六十四卦六親納甲速檢表「坤」

地天泰卦（正月坤土）三爻變：三世卦

子孫	▬▬ ▬▬	癸酉 乙酉〔應〕
妻財	▬▬ ▬▬	癸亥 乙亥
兄弟	▬▬ ▬▬	癸丑 乙丑
兄弟	▬▬▬▬	甲辰 壬辰〔世〕
官鬼	▬▬▬▬	甲寅 壬寅
妻財	▬▬▬▬	甲子 壬子

地澤臨卦（12月坤土）二爻變：二世卦

子孫	▬▬ ▬▬	癸酉 乙酉
妻財	▬▬ ▬▬	癸亥 乙亥〔應〕
兄弟	▬▬ ▬▬	癸丑 乙丑
兄弟	▬▬ ▬▬	丁丑
官鬼	▬▬▬▬	丁卯 〔世〕
父母	▬▬▬▬	丁巳

地火明夷（八月坎水）下飛四往：遊魂卦

父母	▬▬ ▬▬	癸酉 乙酉
兄弟	▬▬ ▬▬	癸亥 乙亥
官鬼	▬▬ ▬▬	癸丑 乙丑〔世〕
兄弟	▬▬▬▬	己亥
官鬼	▬▬ ▬▬	己丑
子孫	▬▬▬▬	己卯 〔應〕

地雷復卦（11月坤土）初爻變：一世卦

子孫	▬▬ ▬▬	癸酉 乙酉
妻財	▬▬ ▬▬	癸亥 乙亥
兄弟	▬▬ ▬▬	癸丑 乙丑〔應〕
兄弟	▬▬ ▬▬	庚辰
官鬼	▬▬ ▬▬	庚寅
妻財	▬▬▬▬	庚子 〔世〕

地風升卦（八月震木）四爻變：四世卦

官鬼	▬▬ ▬▬	癸酉 乙酉
父母	▬▬ ▬▬	癸亥 乙亥
妻財	▬▬ ▬▬	癸丑 乙丑〔世〕
官鬼	▬▬▬▬	辛酉
父母	▬▬▬▬	辛亥
妻財	▬▬ ▬▬	辛丑 〔應〕

地水師卦（七月坎水）內卦還原：歸魂卦

父母	▬▬ ▬▬	癸酉 乙酉〔應〕
兄弟	▬▬ ▬▬	癸亥 乙亥
官鬼	▬▬ ▬▬	癸丑 乙丑
妻財	▬▬ ▬▬	戊午 〔世〕
官鬼	▬▬▬▬	戊辰
子孫	▬▬ ▬▬	戊寅

地山謙卦（九月兌金）五爻變：五世卦

兄弟	▬▬ ▬▬	癸酉 乙酉
子孫	▬▬ ▬▬	癸亥 乙亥〔世〕
父母	▬▬ ▬▬	癸丑 乙丑
兄弟	▬▬▬▬	丙申
官鬼	▬▬ ▬▬	丙午
父母	▬▬ ▬▬	丙辰 〔應〕

坤為地卦（十月坤土）本體不變：本宮卦

子孫	▬▬ ▬▬	癸酉 乙酉〔世〕
妻財	▬▬ ▬▬	癸亥 乙亥
兄弟	▬▬ ▬▬	癸丑 乙丑
官鬼	▬▬ ▬▬	乙卯 癸卯〔應〕
父母	▬▬ ▬▬	乙巳 癸巳
兄弟	▬▬ ▬▬	乙未 癸未

門公尺「魯班尺」各字吉凶簡圖

財			病			離			義			官			劫			害			本		
財德	寶庫	六合	迎福	退財	公事	牢執	孤寡	長庫	劫財	官鬼	失脫	添丁	益利	貴子	大吉	順科	橫財	進益	富貴	死別	退口	離鄉	財失

(續)

災至	死絕	病臨	口舌	財至	登科	進寶	興旺

魯班尺：魯班尺分上下兩層，上層為門公尺 (**陽宅建築設計所用**)，下層為丁蘭尺 (**陰宅或安祖先牌位所用**)，二者雖略有不同，但亦有吉凶之應。

《永寧通書》門公尺訣：

財：門造財星最為良，大門招得外財糧，田蠶失馬時時進，富貴榮華福壽長。

病：門安病字大不祥，厄難延綿臥病床，太歲刑沖來破損，十人八九發瘟症。

離：若用離星做大門，離鄉背景亂人倫，家業錢財多破損，機謀用盡栗無存。

義：大門義字蔭義兄，公門衙舍正相宜，庶人房屋如此用，定招淫婦與道尼。

官：官字做門須留心，若做衙門大吉昌，庶人用此遭官事，爭訟無休淚汪汪。

劫：劫字平安有禍殃，遭盜擄掠甚難當，若遇流年來沖剋，又因獄訟在官場。

害：害字安門不可憑，退盡田園苦伶仃，災難疾厄年年有，小人日夜又來侵。

本：本星造門進官田，大發財谷永綿綿，絲蠶牛馬人丁旺，加增吉慶產英賢。

《文公尺字解》曰：

財字臨門好細詳，外門招得外財良，若是中門常自有，積財須用大門當，中房若合安於上，銀帛千箱與萬箱，木匠若能明此理，家中福祿自榮昌。

病字臨門招疾病，外門呆鬼入中庭，若在中門逢此字，災須輕可免危聲，更被外門相照對，一年兩度送口靈，於中若要無凶禍，這字絕對不可親。

離字臨門事不詳，小心安排在什方，若在外門並中戶，子南父北自分

張，房門必主生離別，夫婦恩情兩處忙，朝夕家中常作鬧，時常禍端難對當。

義字臨門孝順生，一字中字最為真，若在都門招三婦，高門孝婦敬翁姑，於中合字為大吉，萬事興隆出賢人，保證萬事無災害，只有廚門實可親。

官字臨門大吉祥，莫教安在大門場，須防公事親州府，富貴中庭房自昌，應在房門生貴子，其家必定出官郎，人家富貴出富翁，有人用此福滿堂。

劫字臨門不用誇，家中日日事如麻，更有害門相照看，凶來喋喋害無差，兒孫行劫身遭咎，做事因循卻害家，四惡四凶星不吉，偷人物件害其身。

害字安門用不可，外門多被外人臨，用在內門多災禍，家財必被賊來親，兒孤行門用害字，作事須因破其家，匠人若能明此理，指教宅主永興隆。

本字臨門最吉祥，中宮內外一齊強，子孫夫婦皆榮貴，年通月利能得財，此字吉門相照者，家道興隆大吉昌，四時無災用本字，八節有慶振家聲。

門公尺上有四黑四紅，一般人以為紅字就是吉祥，其實不然，門公尺在一般住宅而言，財和本字是最適合的，義和官字也是紅字，但各有不同用法。

宗教廟宇：宜取「**義**」字。公家單位：宜取「**官**」字。

文公尺使用兩大要訣：財頭、本尾，抓內不抓外。財本之間的紅字，怎麼用都不會錯，而抓內不抓外的意思則是門框尺寸以內側的尺寸為準。

使用時須留意紅字裡有些字不能亂用，如生意場合不能用「**官**」字，易惹官非，而公堂衙門、軍警公家單位……等則可用。

生意人不能用「**義**」字，太講義氣，生意無利可圖，只適用於宗教廟宇。

真傳一句話，假傳萬卷書

真正實用的風水技術，其實並不難；只要掌握某些核心知識點，就能掌握風水的整個技術體系，輔以一定的個案實踐，在短時間內，就能擁有一定的水平。 注：我們不談複雜的論述，只談實用的風水祕訣。

大道理是極簡單的，世間瑣事難就難在簡單，簡單不是敷衍了事，也不是單純幼稚，而是最高級的智慧，是成熟睿智的表現，完美的常常是簡單的，學會了簡單，其實就真的不簡單。 注：我們將以實用為原則，以陽宅為主，用簡潔易懂的方式呈現。

羅庚盤的二十四山：**十二地支＋八天干＋乾坤艮巽四隅，合計二十四山**。
注：戊己為中宮土，故只用八干，三畫卦納八干，是為羅庚盤所使用。
二十四山的陰陽：是根據先天八卦取數而定。
乾九、坤一、離三、坎七單數為陽；兌四、艮六、巽二、震八偶數為陰。

陽： 乾納甲、坤納乙、離納壬、坎納癸皆屬陽；寅午戌會合火局屬離宅，申子辰會合水局屬坎宅亦屬陽。

故： 四隅的**乾坤**、天干的**甲乙壬癸**、地支的**寅午戌**、**申子辰**皆屬陽。

陰： 兌納丁、艮納丙、巽納辛、震納庚皆屬陰；巳酉丑會和金局屬兌宅，亥卯未會合木局屬震宅亦屬陰。

故： 四隅的**艮巽**、天干的**丙丁庚辛**、地支的**巳酉丑**、**亥卯未**皆屬陰。

羅庚盤的八卦排列，是根據後天八卦的方位而來，一卦管三山。
坎卦「**壬子癸**」，艮卦「**丑艮寅**」，震卦「**甲卯乙**」，巽卦「**辰巽巳**」，
離卦「**丙午丁**」，坤卦「**未坤申**」，兌卦「**庚酉辛**」，乾卦「**戌乾亥**」。

三殺、八煞黃泉、天罡煞、羊刃煞圖解

三 殺（陰陽宅皆適用）

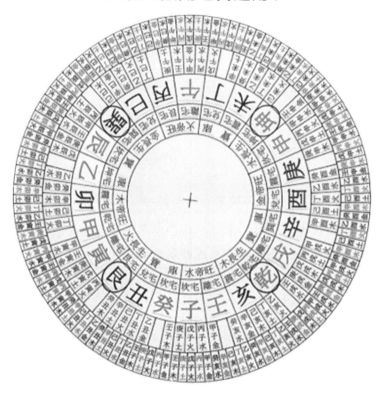

坐山落在「乾、艮」之間，三殺：寅午戌

坐山落在「艮、巽」之間，三殺：巳酉丑

坐山落在「巽、坤」之間，三殺：申子辰

坐山落在「坤、乾」之間，三殺：亥卯未

以「乾、坤、艮、巽」四隅的中線為分界點

以「向」內之「子、午、卯、酉」其中之一的三合為三殺。

例：丑山未向，在未向內有午，午的三合寅午戌，就是丑山未向的三殺。

八煞黃泉局（陰陽宅皆適用）

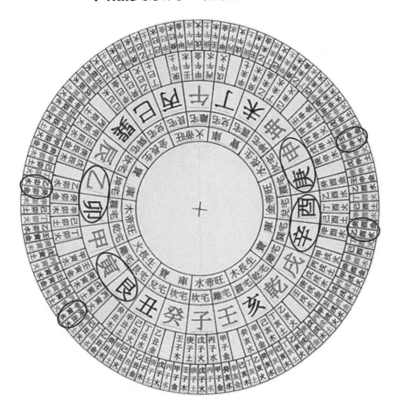

乙卯「坐山落在癸卯、乙卯互兼三分內屬之」

庚申「坐山落在壬申、甲申互兼三分內屬之」

辛酉「坐山落在癸酉、乙酉互兼三分內屬之」

艮寅「坐山落在甲寅、癸丑互兼三分內屬之」

八煞黃泉主：惡疾纏身，蛇傷虎咬，入黃泉路，意外猝死。

八煞黃泉，乃凶煞之局，陽宅的大門或香火神位逢之，應在所屬年月，
恐入黃泉路。

解套之法：擇吉化煞，龍符備用，一歪二斜，絕處逢生。

天罡煞、羊刃煞（陰陽宅皆適用）

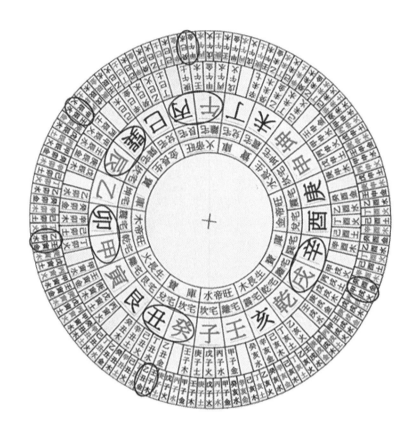

天罡煞：辰巽「坐山落在壬辰、甲辰互兼三分內屬之」

羊刃煞：丙午「坐山落在癸巳、甲午互兼三分內屬之」

羊刃煞：辛戌「坐山落在癸酉、甲戌互兼三分內屬之」

羊刃煞：癸丑「坐山落在壬子、乙丑互兼三分內屬之」

羊刃煞：甲卯「坐山落在壬寅、乙卯互兼三分內屬之」

天罡煞主：兄弟失序，兒女忤逆。羊刃煞主：口舌官非，家道失退。

出卦與空亡（陰陽宅皆適用）

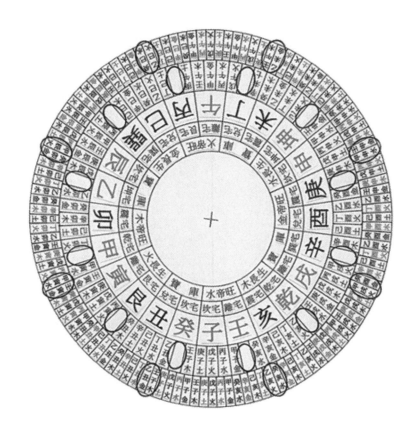

出卦：卦與卦互兼三分以內者屬之。

例：坎卦「**壬子癸**」、艮卦「**丑艮寅**」則癸山、丑山相兼三分以內，坐山落在「**壬子、乙丑**」分金內。或乾卦「**戌乾亥**」則壬山、亥山相兼三分以內，坐山落在「**癸亥、乙亥**」分金內，皆屬出卦。餘依此類推。

空亡：甲、乙、丙、丁、庚、辛、壬、癸八干及乾、坤、艮、巽四隅。十二個坐山，中間空無物者皆屬之。

風 水 與 環 境

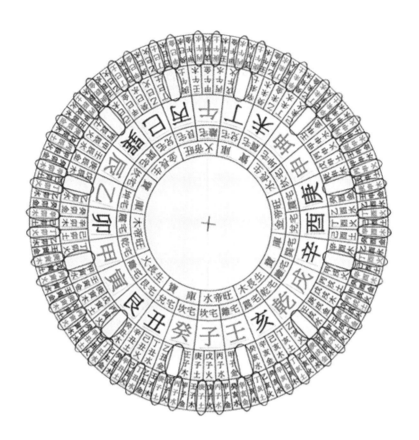

　　圖示最外一層為 120 分金，24 山每山 5 個分金，共 120 分金，每個分金 3 度，共 360 度。每個坐山 5 個分金，圈起來紅色字的只有 2 個，坐山落在這 2 個分金，皆能平安順遂，餘皆有凶災禍害之應。

　　也就是說：一個圓 360 度，能夠平安順遂的只有 144 度，但得扣掉 12 個空亡，左右重疊的 1 度，則真正能夠平安順遂的只有 120 度。

　　這告訴我們什麼：值得我們深思！

所應年月的竅門與簡單又有效的解套化煞法

由以上「風水與環境」的圖檔得知：每個坐山有 15 度，各有 5 個分金，每個分金 3 度，只有 2 個分金是平安順遂的；由圖檔可知，卦與卦相兼 3 度以內，都有凶災禍害之應，每個坐山正中 3 度亦是如此。

在八煞黃泉局、天罡煞、羊刃煞與出卦，都離不開卦與卦相兼 3 度以內，都有凶災禍害之應。只是這幾個煞局，比較凶煞，餘皆其凶災禍害較小，我們都還能承受得起。

注：沒有十全十美的宅局，適度的承受不完美，才能品味人生的真諦。

其中八煞黃泉局最為凶險，只要逢之就恐入黃泉路，而意外猝死。
其所應年月：
坐艮向坤，癸丑「木」分金，應在亥卯未年月。
坐寅向申，甲寅「水」分金，應在申子辰年月。
坐卯向酉，癸卯「金」分金，應在巳酉丑年月。
坐乙向辛，乙卯「水」分金，應在申子辰年月。
坐申向寅，壬申「金」分金，應在巳酉丑年月。
坐庚向甲，甲申「水」分金，應在申子辰年月。
坐酉向卯，癸酉「金」分金，應在巳酉丑年月。
坐辛向乙，乙酉「水」分金，應在申子辰年月。

所應年月的竅門：是以 72 脈 120 分金所在的 60 甲子納音五行為應。
水：申子辰。火：寅午戌。木：亥卯未。金：巳酉丑。土：丑未戌辰。

擇吉：要避開三殺與八煞飛星的月日時。請參閱擇日的忌避。
簡單又有效的解套化煞法：擇吉化煞，龍符備用，一歪二斜，絕處逢生。

24山72脈120分金圖解

壬山「72脈120分金」丙向

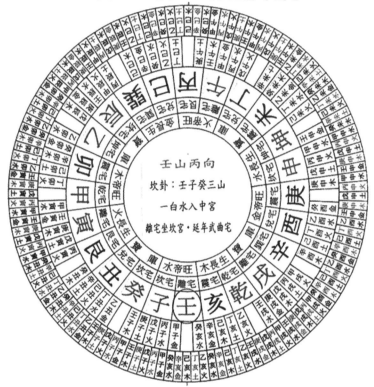

中心文字：
壬山丙向
坎卦：壬子癸三山
一白水入中宮
葬宅坐坎宮・延年武曲宅

乘 癸亥 脈者：木命人發達，土命人食祿，先時富貴，後應貧賤，應在申子辰年月

乘 正壬 脈者：犯大空亡，一成一敗

乘 甲子 脈者：水命人富貴，火命人食祿，先產貴子，久則休囚，應在巳酉丑年月

兼 亥 坐穴者：得壬之盛氣，宜用 丁亥 分金

若誤用 乙亥 分金，主官非瘟疫。若誤用 己亥 分金，主立見凶敗

兼 子 坐穴者：得壬之旺氣，宜用 辛亥 分金。若誤用 癸亥 分金，主房位不均

子山「72 脈 120 分金」午向

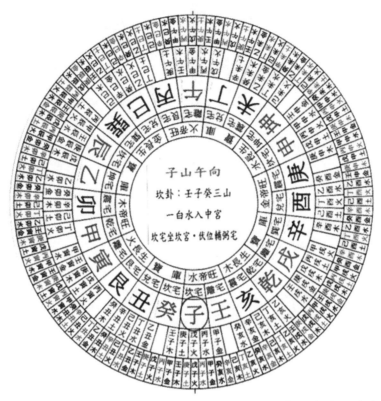

乘 丙子 脈者：土命人食祿，木命人貴顯，田連阡陌，富比陶朱，應在申子辰
　　　　　年月

乘 戊子 脈者：一代成名，終須有損

乘 庚子 脈者：木命人食祿，土命人登科，大旺人丁，享年長壽，應在丑未戌
　　　　　辰年月

兼壬 坐穴者：得子之相氣，宜用 丙子 分金

若誤用 甲子 分金，主冷退離鄉。若誤用 戊子 分金，主死亡絕滅

兼癸 坐穴者：得子之清氣，宜用 庚子 分金。若誤用 壬子 分金，主淫訟賊敗

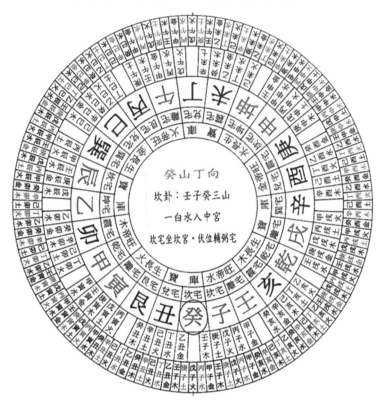

癸山丁向

坎卦：壬子癸三山

一白水入中宮

坎宅坐坎宮・伏位輔弼宅

乘 壬子 脈者：土命人食祿，木命人發福，富有餘積，異姓同居，應在亥卯未
　　　　　年月

乘 正癸 脈者：先發後衰，離鄉橫死

乘 乙丑 脈者：火命人食祿，木命人貴盛，房位皆均，家業昌大，應在巳酉丑
　　　　　年月

兼子 坐穴者：得癸之餘氣，宜用 丙子 分金

若誤用 甲子 分金，主染瘟溺水。若誤用 戊子 分金，主速致敗絕

兼丑 坐穴者：得癸之清氣，宜用 庚子 分金。若誤用 壬子 分金，主寡淫冷退

丑山「72脈 120分金」未向

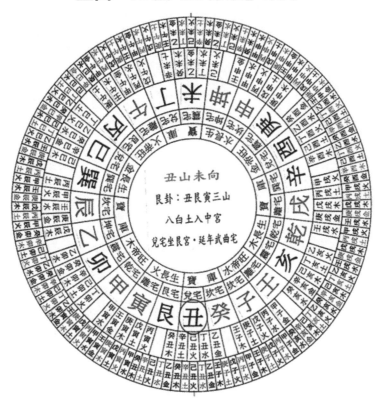

乘 丁丑 脈者：土命人食祿，水命人發達，富而不貴，貴而不顯，應在申子辰
　　　　年月

乘 己丑 脈者：瘟癆離鄉，殺人失火

乘 辛丑 脈者：土命人武略，木命人屠宰，雖有威權，多招劫掠，應在丑未戌
　　　　辰年月

兼 癸 坐穴者：得丑之初氣，宜用 丁丑 分金

若誤用 乙丑 分金，主傷人損畜。若誤用 己丑 分金，主離鄉謀殺

兼 艮 坐穴者：得丑之旺氣，宜用 辛丑 分金。若誤用 癸丑 分金，主盜訟風癇

乘 癸丑 脈者：木命人登科，土命人富盛，朱紫滿朝，吉無不利，應在亥卯未
　　　　年月

乘 正艮 脈者：一代起倒，貴而不久

乘 丙寅 脈者：水命人為官，火命人修文，富貴長遠，房分均平，應在寅午戌
　　　　年月

兼丑 坐穴者：得艮之相氣，宜用 丁丑 分金

若誤用 乙丑 分金，主長小貧窘。若誤用 己丑 分金，主一代絕煙

兼寅 坐穴者：得艮之生氣，宜用 辛丑 分金。若誤用 癸丑 分金，主訟敗孤寡

寅山「72脈120分金」申向

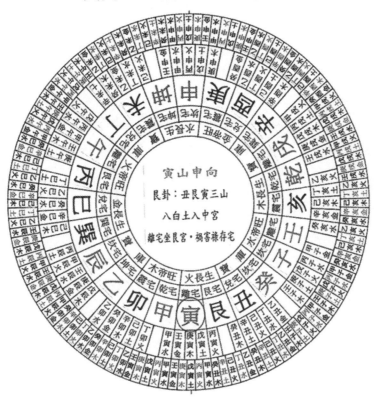

寅山申向
艮卦：丑艮寅三山
八白土入中宮
離宅坐艮宮・禍害祿存宅

乘 戊寅 脈者：火命人財富，金命人食祿，世代科第，朱紫滿朝，應在丑未戌
辰年月

乘 庚寅 脈者：男為公侯，女為妃嬪

乘 壬寅 脈者：金命人刑剋，水命人蠱腫，先惹官災，後多敗絕，應在巳酉丑
年月

兼艮 坐穴者：得寅之初氣，宜用 丙寅 分金

若誤用 甲寅 分金，主失財退業。若誤用 戊寅 分金，主橫事死亡

兼甲 坐穴者：得寅之盛氣，宜用 庚寅 分金。若誤用 壬寅 分金，主禍害瘟火

甲山「72 脈 120 分金」庚向

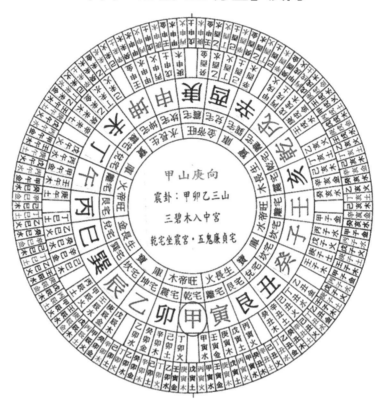

乘甲寅脈者：火命人興旺，土命人福壽，科第聯捷，富貴雙全，應在申子辰
　　　　年月

乘正甲脈者：一代無嗣，長中先敗

乘丁卯脈者：火命人榮華，木命人貴顯，習武修文，庄田旺盛，應在寅午戌
　　　　年月

兼寅坐穴者：得甲之相氣，宜用丙寅分金

若誤用甲寅分金，主招異姓敗。若誤用戊寅分金，主休囚死絕

兼卯坐穴者：得申之旺氣，宜用庚寅分金。若誤用壬寅分金，主因訟破敗

卯山「72 脈 120 分金」酉向

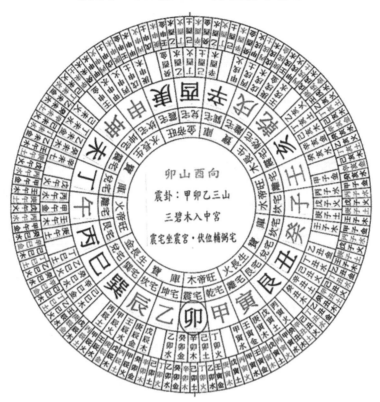

乘 己卯 脈者：金命人清奇，木命人福壽，義夫節婦，富貴承襲，應在丑未戌
　　　　辰年月

乘 辛卯 脈者：雷傷自縊，三代沒蹤

乘 癸卯 脈者：金命人發財，土命人食祿，大富大貴，多壽多男，應在巳酉丑
　　　　年月

兼甲 坐穴者：得卯之旺氣，宜用 丁卯 分金

若誤用 乙卯 分金，主房位不均。若誤用 己卯 分金，主家敗人亡

兼乙 坐穴者：得卯之成氣，宜用 辛卯 分金。若誤用 癸卯 分金，主軍賊敗滅

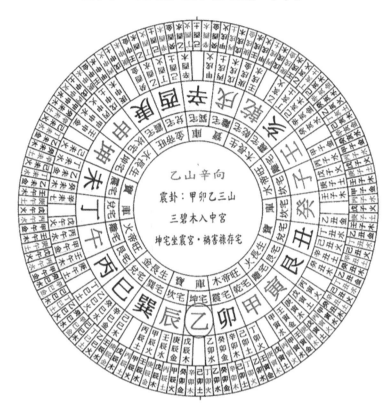

乘乙卯脈者：土命人食祿，火命人守常，房分均吉，發福不久，應在申子辰
年月

乘正乙脈者：一代雖興，二代即敗

乘戊辰脈者：金命人榮昌，木命人福壽，人財兩旺，富貴雙全，應在亥卯未
年月

兼卯坐穴者：得乙之生氣，宜用丁卯分金

若誤用乙卯分金，主家道衰替。若誤用己卯分金，主招異姓敗

兼辰坐穴者：得乙之旺氣，宜用辛卯分金。若誤用癸卯分金，主少亡瘟耗

辰山「72 脈 120 分金」戌向

辰山戌向
巽卦：辰巽巳三山
四綠木入中宮
坎宅坐巽宮，生氣貪狼宅

乘 **庚辰** 脈者：金命人強梁，木命人習武，孩生雙頂，名譽昭彰，應在巳酉丑
年月

乘 **壬辰** 脈者：殺人瘟瘴，吉凶相伴

乘 **甲辰** 脈者：火命人富貴，木命人權力，一發一敗，久後滅族，應在寅午戌
年月

兼乙 坐穴者：得辰之厚氣，宜用 **丙辰** 分金

若誤用 **甲辰** 分金，主進舍填房。若誤用 **戊辰** 分金，主冷退絕滅

兼巽 坐穴者：得辰之分氣，宜用 **庚辰** 分金。若誤用 **壬辰** 分金，主疾病刑剋

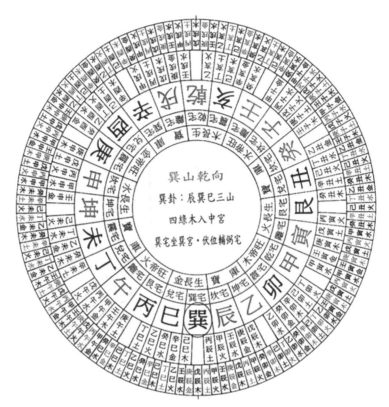

乘 丙辰 脈者：金命人食祿，木命人平康，順則榮貴，逆則絕枝，應在丑未戌
辰年月

乘 正巽 脈者：屈伸不常，富貴不久

乘 己巳 脈者：火命人發揚，木命人稱意，移文就武，富貴俱全，應在亥卯未
年月

兼辰 坐穴者：得巽之旺氣，宜用 丙辰 分金

若誤用 甲辰 分金，主換妻瘟火。若誤用 戊辰 分金，主家業空虛

兼巳 坐穴者：得巽之動氣，宜用 庚辰 分金。若誤用 壬辰 分金，主瘟火淫耗

巳山「72 脈 120 分金」亥向

中央：
巳山亥向

巽卦：辰巽巳三山

四綠木入中宮

兌宅坐巽宮・六煞文曲宅

乘 辛巳 脈者：水命人食祿，火命人發財，胎產雙生，貴兼文武，應在巳酉丑
　　　　　年月

乘 癸巳 脈者：雖然富貴，禍患傷殘

乘 乙巳 脈者：土命人殷富，火命人榮昌，科捷三元，位居兩府，應在寅午戌
　　　　　年月

兼巽 坐穴者：得巳之盛氣，宜用 丁巳 分金

若誤用 乙巳 分金，主火盜時發。若誤用 己巳 分金，主人離財散

兼丙 坐穴者：得巳之正氣，宜用 辛巳 分金。若誤用 癸巳 分金，主刑剋退家

丙山「72 脈 120 分金」壬向

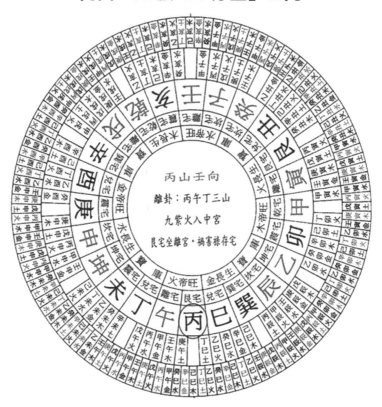

丙山壬向

離卦：丙午丁三山

九紫火入中宮

艮宅坐離宮．禍害祿存宅

乘 丁巳 脈者：木命人生財，土命人刑剋，二姓同居，一發即敗，應在丑未戌
　　　　　辰年月

乘 正丙 脈者：初有些福，久必絕滅

乘 庚午 脈者：土命人富貴，木命人福祿，代代豐隆，位至臺閣，應在丑未戌
　　　　　辰年月

兼巳 坐穴者：得丙之旺氣，宜用 丁巳 分金

若誤用 乙巳 分金，主蛇來進屋。若誤用 己巳 分金，主蛇咬木傷

兼午 坐穴者：得丙之相氣，宜用 辛巳 分金。若誤用 癸巳 分金，主田蠶退失

午山「72 脈 120 分金」子向

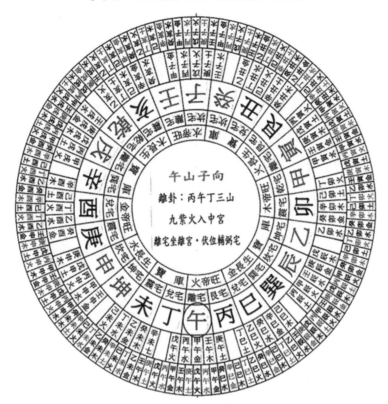

乘 **壬午** 脈者：火命人有貴，水命人發積，百口千丁，代代衣祿，應在亥卯未
年月

乘 **甲午** 脈者：一代好，二代敗，三代滅，富貴不久

乘 **丙午** 脈者：木命人富貴，金命人亦然，科聯三元，官至五府，應在申子辰
年月

兼丙 坐穴者：得午之正氣，宜用 **丙午** 分金

若誤用 **甲午** 分金，主瘋癆喑啞。若誤用 **戊午** 分金，主瘟火傾危

兼丁 坐穴者：得午之旺氣，宜用 **庚午** 分金。若誤用 **壬午** 分金，主產厄火耗

丁山「72脈120分金」癸向

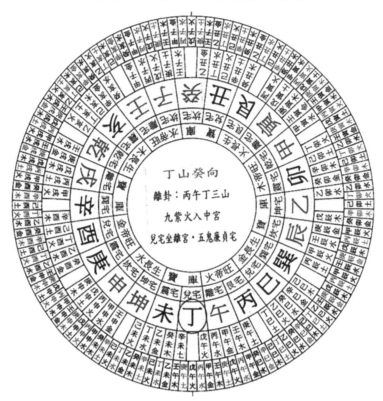

乘 戊午 脈者：金命人擢科，火命人饒富，大則大發，小則小發，應在寅午戌
　　　年月

乘 正丁 脈者：異居發貴，後必絕敗

乘 辛未 脈者：土命人發財，木命人為官，武掌兵權，文至五府，應在丑未戌
　　　辰年月

兼午 坐穴者：得丁之正氣，宜用 丙午 分金

若誤用 甲午 分金，主骨肉相殘。若誤用 戊午 分金，主賊劫火燒

兼未 坐穴者：得丁之盛氣，宜用 庚午 分金。若誤用 壬午 分金，主風邪淫蕩

未山「72 脈 120 分金」丑向

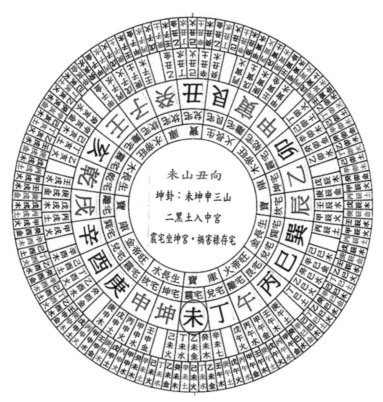

中央：
未山丑向
坤卦：未坤申三山
二黑土入中宮
震宅坐坤宮・禍害祿存宅

乘 癸未 脈者：木命人富貴，火命人旺盛，大即大發，小即小發，應在亥卯未
　　　　年月

乘 乙未 脈者：一代為官，二代必絕

乘 丁未 脈者：金命人清貴，木命人豐富，文武兩全，榮華長久，應在申子辰
　　　　年月

兼丁 坐穴者：得未之旺氣，宜用 丁未 分金

若誤用 乙未 分金，主家貧消乏。若誤用 己未 分金，主傷人敗絕

兼坤 坐穴者：得未之盛氣，宜用 辛未 分金。若誤用 癸未 分金，主刑妻剋子

坤山「72脈120分金」艮向

坤山艮向

坤卦：未坤申三山

二黑土入中宮

坤宅坐坤宮・伏位輔弼宅

乘 己未 脈者：火命人登第，木命人封寵，大地富貴，小地亦吉，應在寅午戌
　　　　　年月

乘 正坤 脈者：二姓同居，亦吉亦凶

乘 壬申 脈者：金命人及第，木命人發財，定產神童，更增祿壽，應在巳酉丑
　　　　　年月

兼未 坐穴者：得坤之正氣，宜用 丁未 分金

若誤用 乙未 分金，主過房破財。若誤用 己未 分金，主孤貧夭絕

兼申 坐穴者：得坤之旺氣，宜用 辛未 分金。若誤用 癸未 分金，主損少凶敗

申山「72脈120分金」寅向

乘 甲申 脈者：金命人擢科，水命人富厚，大旺嗣續，旌表門閭，應在申子辰
年月

乘 丙申 脈者：初代興隆，終久敗絕

乘 戊申 脈者：金命人富貴，水命人旺丁，君子遷官，小人高壽，應在丑未戌
辰年月

兼坤 坐穴者：得申之正氣，宜用 丙申 分金

若誤用 甲申 分金，主乞子招郎。若誤用 戊申 分金，主離鄉賣屋

兼庚 坐穴者：得申之旺氣，宜用 庚申 分金。若誤用 壬申 分金，主凶暴猝死

庚山「72脈120分金」甲向

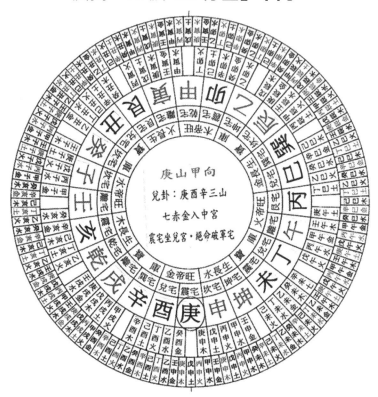

乘 庚申 脈者：水命人徒刑，木命人絕嗣，貧薄家聲，殘疾少壽，應在亥卯未
　　　年月

乘 正庚 脈者：退職遭刑，飄蕩乞食

乘 癸酉 脈者：金命人福壽，水命人富貴，神童及第，位至三公，應在巳酉丑
　　　年月

兼申 坐穴者：得庚之正氣，宜用 丙申 分金

若誤用 甲申 分金，主軍賊抄掠。若誤用 戊申 分金，主中房敗絕

兼酉 坐穴者：得庚之旺氣，宜用 庚申 分金。若誤用 壬申 分金，主縊溺外死

酉山「72 脈 120 分金」卯向

乘 乙酉 脈者：水命人發揚，金命人榮顯，家肥業盛，世代為官，應在申子辰
　　　　　　年月

乘 丁酉 脈者：一代見福，二代絕蹤

乘 己酉 脈者：金命人興隆，土命人顯達，庄田旺盛，文午官全，應在丑未戌
　　　　　　辰年月

兼庚 坐穴者：得酉之確氣，宜用 丁酉 分金

若誤用 乙酉 分金，主長小不振。若誤用 己酉 分金，主賣盡田產

兼辛 坐穴者：得酉之正氣，宜用 辛酉 分金。若誤用 癸酉 分金，主招即損敗

辛山「72 脈 120 分金」乙向

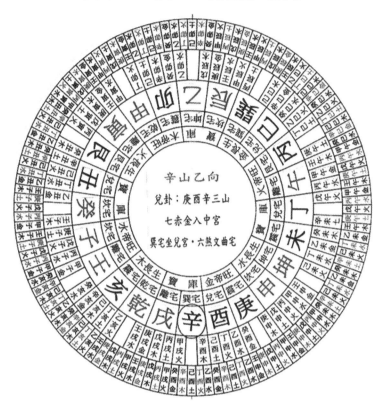

乘 辛酉 脈者：金命人富貴，水命人平善，庄田盛置，朱紫盈門，應在亥卯未
　　　　年月

乘 正辛 脈者：一二代發，三代伶仃

乘 甲戌 脈者：火命人財多，金命人貴顯，習武修文，先凶後吉，應在寅午戌
　　　　年月

兼 酉 坐穴者：得辛之正氣，宜用 丁酉 分金

若誤用 乙酉 分金，主謀貴致貧。若誤用 己酉 分金，主冷退死亡

兼 戌 坐穴者：得辛之旺氣，宜用 辛酉 分金。若誤用 癸酉 分金，主疾纏賊害

136

戌山「72脈120分金」辰向

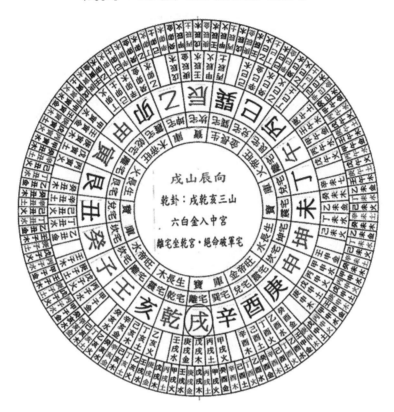

中央圖文：
戌山辰向
乾卦：戌乾亥三山
六白金入中宮
離宅坐乾宮・絕命破軍宅

乘 丙戌 脈者：金命人食祿，木命人貴顯，財過閭里，名播朝廷，應在丑未戌
辰年月

乘 戌戌 脈者：男蕩為奴，女淫為妓

乘 庚戌 脈者：金命人榮昌，木命人發達，富而後貴，及第登科，應在巳酉丑
年月

兼 辛 坐穴者：得戌之旺氣，宜用 丙戌 分金

若誤用 甲戌 分金，主長幼痼疾。若誤用 戊戌 分金，主不仁不義

兼 乾 坐穴者：得戌之動氣，宜用 庚戌 分金。若誤用 壬戌 分金，主骨肉分離

乾山「72脈 120 分金」巽向

乘 **壬戌** 脈者：水命人榮旺，土命人登科，庫多金寶，名播京華，應在申子辰
年月

乘 **正乾** 脈者：利既不遂，名亦不成

乘 **乙亥** 脈者：火命人刑剋，木命人衰貧，癆瘵不免，敗絕難逃，應在寅午戌
年月

兼戌 坐穴者：得乾之膚氣，宜用 **丙戌** 分金

若誤用 **甲戌** 分金，主長小換妻。若誤用 **戊戌** 分金，主中房絕支

兼亥 坐穴者：得乾之旺氣，宜用 **庚戌** 分金。若誤用 **壬戌** 分金，主家業冷退

亥山「72 脈 120 分金」巳向

中心文字：
亥山巳向
乾卦：戌乾亥三山
六白金入中宮
震宅坐乾宮・五鬼廉貞宅

乘 丁亥 脈者：金命人清貴，水命人積富，百發百中，有壽有名，應在丑未戌
　　　　辰年月

乘 己亥 脈者：始初平穩，久後流移

乘 辛亥 脈者：火命人富貴，水命人昌榮，官登極品，威鎮華夷，應在巳酉丑
　　　　年月

兼乾 坐穴者：得亥之深氣，宜用 丁亥 分金

若誤用 乙亥 分金，主長小離鄉。若誤用 己亥 分金，主自縊敗家

兼壬 坐穴者：得亥之旺氣，宜用 辛亥 分金。若誤用 癸亥 分金，主被人欺凌

72 脈 120 分金通論

主要在談論陰陽宅的宅體磁場，其度數是否合乎宇宙法則？

當開始拿羅庚盤看陰陽宅時，是否能一眼就看出吉凶禍福，取決於這個宅體磁場是否合乎「**差之毫釐，謬以千里**」的宇宙法則？

測量的基準：陽宅以門向、屋向與香火神位為準，陰宅則以墓碑為準，此處之磁場度數，差之毫釐，謬以千里，不可等閒視之。

在風水與環境談及：陰陽宅所能使用的空間，只有 120 度，也就 360 度的三分之一空間，其餘三分之二要回歸大自然，取得宇宙的平衡。

72 脈 120 分金，這是風水學上最基本的功夫，也是最不可或缺的一環，缺了這一塊，就如同建造房子不打地基，是禁不起考驗的。

把這最基本的功夫學好，只要您能操作羅庚盤，知道在哪裡下盤，您就知道那個局的吉凶了；吉凶知道了，再往下學習就容易多了。

荊棘林中休進步，是非陣市莫逞強

紫白飛星、八宅吉凶與擇日八煞綜合圖解

壬山丙向：壬居北方隸屬於子，五行屬水

其勢來形止之處，坐向收放得法，出人溫柔和順，隨方就圓，名譽播揚，富貴驟發。反此則遭子孫必有：淫蕩浮靡，水病風疾，憸邪奸巧之應。

	天醫巨門	伏位輔弼	
	巽宮：九紫火‧財位	離宮：五黃關煞	六煞文曲
	巽宮：丙子、丙午	離宮：壬申、壬寅	坤宮：七赤金‧生氣
生氣貪狼	壬山丙向		坤宮：甲戌、甲辰
震宮：八白土‧殺氣	坎〔一白水〕入中宮		五鬼廉貞
震宮：乙亥、乙巳	擇日八煞：戊辰‧戊戌		兌宮：三碧木‧洩氣
禍害祿存	離宅坐坎宮‧延年武曲宅		兌宮：庚午、庚子
艮宮：四綠木‧洩氣	三殺：寅、午、戌		三七疊臨：盜賊官災
艮宮：辛未、辛丑	延年武曲	絕命破軍	
文昌位	坎宮：六白金‧生氣	乾宮：二黑土‧殺氣	
	坎宮：癸酉、癸卯	乾宮：己巳、己亥	

子山午向：子居北方與壬相隸，五行屬水

其勢來形止之處，坐向收放得法，出人性善溫和，身形肥大，富者超群，貴者極品。反此則遭子孫必有：漂流異鄉，血病淋漓，橫亡落水之應。

	延年武曲	
生氣貪狼	離宮：五黃關煞	絕命破軍
巽宮：九紫火・財位	離宮：壬申・壬寅	坤宮：七赤金・生氣
巽宮：丙子・丙午		坤宮：甲戌・甲辰
天醫巨門	**子山午向** 坎〔一白水〕入中宮 擇日八煞：戊辰・戊戌 坎宅坐坎宮・伏位輔弼宅 三煞：寅・午・戌	禍害祿存
震宮：八白土・殺氣		兌宮：三碧木・洩氣
震宮：乙亥・乙巳		兌宮：庚午・庚子
		三七疊臨：盜賊官災
五鬼廉貞	伏位輔弼	六煞文曲
艮宮：四綠木・洩氣	坎宮：六白金・生氣	乾宮：二黑土・殺氣
艮宮：辛未・辛丑		乾宮：己巳・己亥
文　昌　位	坎宮：癸酉・癸卯	

癸山丁向：癸居北方隸屬於丑，五行屬水

其勢來形止之處，坐向收放得法，出人相貌清臞，行事果決，富貴驟發，妃嬪中選。反此則遭子孫必有：貧賤孤寡，六指缺唇，雙妻破家之應。

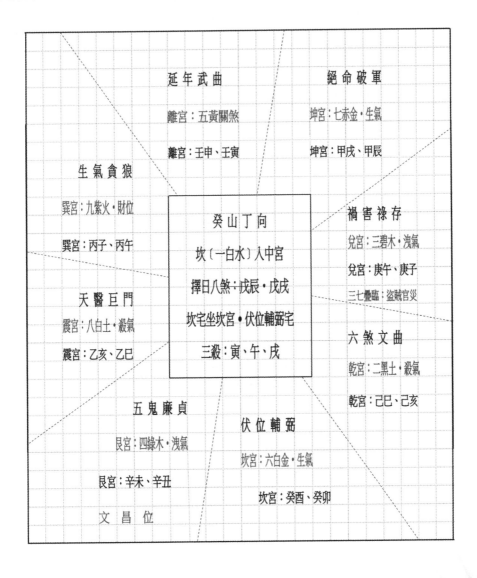

延年武曲

離宮：五黃關煞

離宮：壬申、壬寅

絕命破軍

坤宮：七赤金・生氣

坤宮：甲戌、甲辰

生氣貪狼

巽宮：九紫火・財位

巽宮：丙子、丙午

癸山丁向

坎〔一白水〕入中宮

擇日八煞：戊辰・戊戌

坎宅坐坎宮・伏位輔弼宅

三殺：寅、午、戌

禍害祿存

兌宮：三碧木・洩氣

兌宮：庚午、庚子

三七疊臨：盜賊官災

天醫巨門

震宮：八白土・殺氣

震宮：乙亥、乙巳

六煞文曲

乾宮：二黑土・殺氣

乾宮：己巳、己亥

五鬼廉貞

艮宮：四綠木・洩氣

艮宮：辛未、辛丑

伏位輔弼

坎宮：六白金・生氣

坎宮：癸酉、癸卯

文 昌 位

143

坎卦「壬・子・癸」通論

乾： 飛二黑土到乾方，二黑土剋中宮一白水，殺氣方。

解： 殺氣方宜做浴廁或儲藏室……等。

　　不宜開門、做灶、安香火神位……等。

兌： 飛三碧木到兌方，中宮一白水生三碧木，洩氣方。

解： 洩氣方宜做浴廁或儲藏室……等。

　　不宜開門或扇門大凶，亦不宜做灶、安香火神位……等。

　注： 兌七飛三碧木，形成三七疊臨，則有盜賊官災之應。

艮： 飛四綠木到艮方，中宮一白水生四綠木，洩氣方。

解： 四綠為文昌照臨之方，做書房有利學子，做灶主出人聰慧。

　　做浴廁則為污穢文昌，不利學子，兒女愚頑。

　　此為洩氣方，不宜開門、做灶、安香火神位……等。

離：飛五黃土到離方，五黃乃關煞之方，乃當然開門之位。

愛是知識的開始，捨是智慧的啟端

坎卦「壬、子、癸」通論

坎： 飛六白金到坎方，六白金生中宮一白水，生氣方。

解： 生氣方宜開門、做灶、安香火神位、收銀台、安機器……等，大吉大利。

坤： 飛七赤金到坤方，七赤金生中宮一白水，生氣方。

解： 生氣方宜開門、做灶、安香火神位、收銀台、安機器……等，大吉大利。

震： 飛八白土到震方，八白土剋中宮一白水，殺氣方。

解： 殺氣方宜做浴廁或儲藏室……等。

　　 不宜開門、做灶、安香火神位……等。

巽： 飛九紫火到巽方，中宮一白水剋九紫火，死氣方，俗稱財位方。

解： 財位方為不動方，動則財散人不安。安香火神位可聚財。

有時當思無時苦，好天要積雨來糧

丑山未向：丑居東北與癸相隸，五行屬土

其勢來形止之處，坐向收放得法，出人儉吝平和，嗣續昌盛，發富致貴，但易消乏。反此則遭子孫必有：生離死別，忤逆悖亂，骨肉戕害之應。

```
五鬼廉貞                 天醫巨門

離宮•三碧木•殺氣        坤宮•五黃關煞

    離宮：庚午        坤宮：壬申
                                        伏位輔弼

                                        兌宮•一白水•財位

六煞文曲                                兌宮：戊辰

巽宮•七赤金•洩氣

    巽宮：甲戌           丑山未向       生氣貪狼

絕命破軍              艮〔八白土〕入中宮    乾宮•九紫火•生氣

震宮•六白金•洩氣       擇日八煞：丙寅      乾宮：丁卯

                    兌宅坐艮•延年武曲宅

    震宮：癸酉          三殺：寅、午、戌

                              禍害祿存

            延年武曲           坎宮•四綠木•殺氣

        艮宮•二黑土•旺氣

            艮宮：己巳        坎宮：辛未

                          四一同宮•準發科甲
```

146

艮山坤向：艮居東北隸屬於寅，五行屬土

其勢來形止之處，坐向收放得法，出人端厚孝儀，相貌魁梧，濟人育物，富貴綿遠。反此則遭子孫必有：愚頑懵蠢，田蠶退失，家中病患之應。

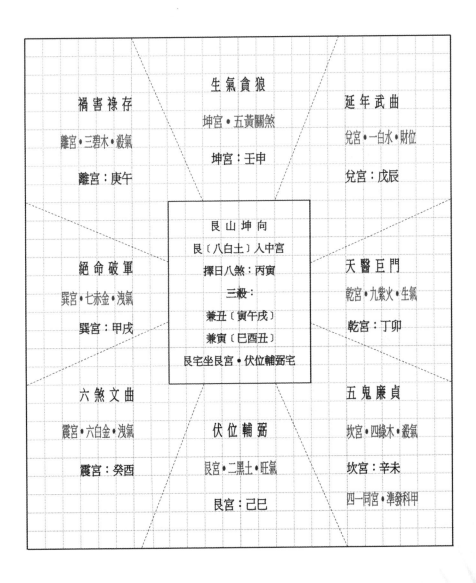

生氣貪狼

坤宮·五黃關煞

坤宮：壬申

禍害祿存

離宮·三碧木·殺氣

離宮：庚午

延年武曲

兌宮·一白水·財位

兌宮：戊辰

艮山坤向

艮〔八白土〕入中宮

擇日八煞：丙寅

三殺：

兼丑〔寅午戌〕

兼寅〔巳酉丑〕

艮宅坐艮宮·伏位輔弼宅

絕命破軍

巽宮·七赤金·洩氣

巽宮：甲戌

天醫巨門

乾宮·九紫火·生氣

乾宮：丁卯

六煞文曲

震宮·六白金·洩氣

震宮：癸酉

伏位輔弼

艮宮·二黑土·旺氣

艮宮：己巳

五鬼廉貞

坎宮·四綠木·殺氣

坎宮：辛未

四一同宮·準發科甲

寅山申向：寅居東北與艮相隸，五行屬土

其勢來形止之處，坐向收放得法，出人有仁有義，體貌清奇，心局寬宏，人事宛轉。反此則遭子孫必有：瘋狂聾啞，流蕩災危，家道乖張之應。

六煞文曲
坤宮・五黃關煞
坤宮：壬申

五鬼廉貞
兌宮・一白水・財位
兌宮：戊辰

伏位輔弼
離宮・三碧木・殺氣
離宮：庚午

寅山申向
艮〔八白土〕入中宮
擇日八煞：丙寅
離宅坐艮宮・禍害祿存宅
三殺：巳、酉、丑

絕命破軍
乾宮・九紫火・生氣
乾宮：丁卯

天醫巨門
巽宮・七赤金・洩氣
巽宮：甲戌

延年武曲
坎宮・四綠木・殺氣
坎宮：辛未
四一同宮・準發科甲

生氣貪狼
震宮・六白金・洩氣
震宮：癸酉

禍害祿存
艮宮・二黑土・旺氣
艮宮：己巳

艮卦「丑、艮、寅」通論

乾： 飛九紫火到乾方，九紫火生中宮八白土，生氣方。

解： 生氣方宜開門、做灶、安香火神位、收銀台、安機器……等，大
吉大利。

兌： 飛一白水到兌方，中宮八白土剋一白水，死氣方，俗稱財位方。

解： 財位方為不動方，動則財散人不安。安香火神位可聚財。

艮： 飛二黑土到艮方，二黑土會合中宮八白土，旺氣方。

解： 旺氣方與生氣方，有異曲同工之妙。宜開門、做灶、安香火神位、
收銀台、安機器等皆能旺發，大吉大利。

離： 飛三碧木到離方，三碧木剋中宮八白土，殺氣方。

解： 殺氣方宜做浴廁或儲藏室……等。
不宜開門、做灶、安香火神位……等。

學佛修禪似有悟，滾滾紅塵又現形

艮卦「丑、艮、寅」通論

坎：　飛四綠木到坎方，四綠木剋中宮八白土，殺氣方。

解：　飛四綠為文昌位，做書房有利學子，做灶主出人聰慧，做浴廁則為污穢文昌，兒女愚頑。此為殺氣方，不宜開門、安香火神位……等。

注：四綠為文昌照臨之方，坎宮一白水，形成四一同宮，准發科甲之應。

坤：　飛五黃土到坤方，五黃乃關煞之方，為當然開門之位。

震：　飛六白金到震方，中宮八白土生六白金，洩氣方。

解：　洩氣方宜做浴廁或儲藏室……等。
　　　不宜開門、做灶、安香火神位……等。

巽：　飛七赤金到巽方，中宮八白土生七赤金，洩氣方。

解：　洩氣方宜做浴廁或儲藏室……等。
　　　不宜開門、做灶、安香火神位……等。

歌訣：坤向朱雀立門路，乾位白虎開扇門，富貴綿遠樂年年，天地定位顯聖靈。

參贊天地之化育，蝸牛角上爭何事

甲山庚向：甲居東方隸屬於卯，五行屬木

　　其勢來形止之處，坐向收放得法，出人相貌清秀，軀體修長，尚義行仁，永延壽算。反此則遭子孫必有：退財離散，瘋疾自縊，忤逆敗俗之應。

延年武曲
坤宮・九紫火・洩氣
坤宮：丙寅

生氣貪狼
兌宮・五黃關煞
兌宮：壬戌

伏位輔弼
乾宮・四綠木・旺氣
乾宮：辛酉

文 昌 位

絕命破軍
離宮・七赤金・殺氣
離宮：甲子
九七穿途・回祿之殃

六煞文曲
坎宮・八白土・財位
坎宮：乙丑

甲山庚向
震〔三碧木〕入中宮
擇日八煞：庚申
乾宅坐震宮・五鬼廉貞宅
三殺：巳、酉、丑

禍害祿存
巽宮・二黑土・財位
巽宮：戊辰

五鬼廉貞
震宮・一白水・生氣
震宮：丁卯

天醫巨門
艮宮・六白金・殺氣
艮宮：癸亥

卯山酉向：卯居正東與甲相隸，五行屬木

其勢來形止之處，坐向收放得法，出人身體長大，做事果決，有仁有義，壽命延綿。反此則遭子孫必有：性拗強梁，孤寡木訥，敗常亂俗之應。

禍害祿存 坤宮・九紫火・洩氣 坤宮：丙寅	**絕命破軍** 兌宮・五黃關煞 兌宮：壬戌	**五鬼廉貞** 乾宮・四綠木・旺氣 乾宮：辛酉 文 昌 位
生氣貪狼 離宮・七赤金・殺氣 離宮：甲子 九七穿途・回祿之殃	**卯山酉向** 震〔三碧木〕入中宮 擇日八煞：庚申 震宅坐震宮・伏位輔弼宅 三殺：巳、酉、丑	**天醫巨門** 坎宮・八白土・財位 坎宮：乙丑
延年武曲 巽宮・二黑土・財位 巽宮：戊辰	**伏位輔弼** 震宮・一白水・生氣 震宮：丁卯	**六煞文曲** 艮宮・六白金・殺氣 艮宮：癸亥

乙山辛向：乙居東方隸屬於辰，五行屬木

其勢來形止之處，坐向收放得法，出人貌色帶青，文章巧藝，使為寬大，壽命延綿。反此則遭子孫必有：孤淫忤逆，屠僧離鄉，家宅空亡之應。

天醫巨門
兌宮・五黃關煞
兌宮：壬戌

延年武曲
乾宮・四綠木・旺氣
乾宮：辛酉

伏位輔弼
坤宮・九紫火・洩氣
坤宮：丙寅

文昌位

乙山辛向
震〔三碧木〕入中宮
擇日八煞：庚申
坤宅坐震宮・禍害祿存宅
三殺：巳、酉、丑

絕命破軍
坎宮・八白土・財位
坎宮：乙丑

六煞文曲
離宮・七赤金・殺氣
離宮：甲子
九七穿途・回祿之殃

生氣貪狼
艮宮・六白金・殺氣
艮宮：癸亥

五鬼廉貞
巽宮・二黑土・財位
巽宮：戊辰

禍害祿存
震宮・一白水・生氣
震宮：丁卯

153

震卦「甲・卯・乙」通論

乾： 飛四綠木到乾方，四綠木會合中宮三碧木，旺氣方。

解： 旺氣方與生氣方，有異曲同工之妙。四綠為文昌照臨之方，開門
　　 主出文秀，做書房有利學子，做灶主出人聰慧。
　　 做浴廁則為污穢文昌，兒女愚頑。

兌： 飛五黃土到兌方，五黃乃關煞之方，為當然開門之位。

艮： 飛六白金到艮方，六白金剋中宮三碧木，殺氣方。

解： 殺氣方宜做浴廁或儲藏室……等。
　　 不宜開門、做灶、安香火神位……等。

離： 飛七赤金到離方，七赤金剋中宮三碧木，殺氣方。

解： 殺氣方宜做浴廁或儲藏室……等。
　　 不宜開門、做灶、安香火神位……等。

注：離九飛七赤金，形成九七穿途，則有回祿之殃之應。

善用自我特質，培養慧根的人生觀

震卦「甲、卯、乙」通論

坎： 飛八白土到坎方，中宮三碧木剋八白土，死氣方，俗稱財位方。

解： 財位方為不動方，動則財散人不安。安香火神位可聚財。

坤： 飛九紫火到坤方，中宮三碧木生九紫火，洩氣方。

解： 洩氣方宜做浴廁或儲藏室……等。

　　 不宜開門、做灶、安香火神位……等。

震： 飛一白水到震方，一白水生中宮三碧木，生氣方。

解： 生氣方宜開門、做灶、安香火神位、收銀台、安機器等皆能旺發，

　　 大吉大利。

巽： 飛二黑土到巽方，中宮三碧木剋二黑土，死氣方，俗稱財位方。

解： 財位方為不動方，動則財散人不安。安香火神位可聚財。

歌訣：陽山之前起乾峰，乾龍回首入震宮，震卦玄武山峰立，富貴榮華

　　　由此起。

能受天磨乃鐵漢，不遭人忌是庸才

辰山戌向：辰居東南與乙相隸，五行屬土

其勢來形止之處，坐向收放得法，出人濃眉大眼，身軀雄偉，好勝驕奢，但易消乏。反此則遭子孫必有：醜惡篤疾，欺公好訟，持刃自傷之應。

禍害祿存
兌宮・六白金・殺氣
兌宮：癸亥

六煞文曲
乾宮・五黃關煞
乾宮：壬戌

伏位輔弼
坎宮・九紫火・洩氣
坎宮：丙寅

絕命破軍
坤宮・一白水・生氣
坤宮：丁卯

辰山戌向
巽〔四綠木〕入中宮
擇日八煞：辛酉
坎宅坐巽宮・生氣貪狼宅
三殺：巳、酉、丑

五鬼廉貞
艮宮・七赤金・殺氣
艮宮：甲子

延年武曲
離宮・八白土・財位
離宮：乙丑

生氣貪狼
巽宮・三碧木・旺氣
巽宮：己巳

天醫巨門
震宮・二黑土・財位
震宮：戊辰

巽山乾向：巽居東南隸屬於巳，五行屬木

　　其勢來形止之處，坐向收放得法，出人英俊聰明，富貴豪傑，剛毅惻隱，福壽康寧。反此則遭子孫必有：外生抱養，淫奢暗疾，酗賭破家之應。

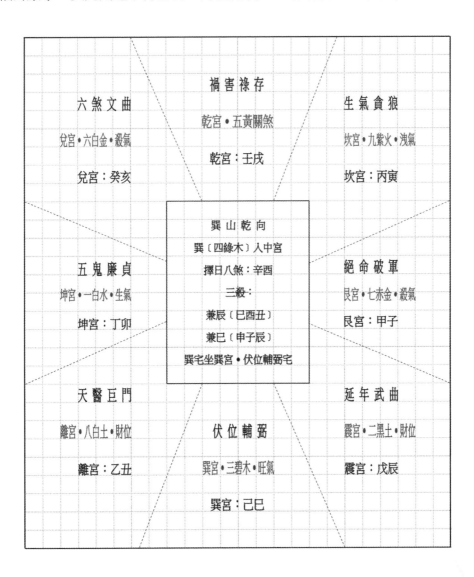

禍害祿存

乾宮・五黃關煞

乾宮：壬戌

六煞文曲

兌宮・六白金・殺氣

兌宮：癸亥

生氣貪狼

坎宮・九紫火・洩氣

坎宮：丙寅

巽山乾向
巽〔四綠木〕入中宮
擇日八煞：辛酉
三殺：
兼辰〔巳酉丑〕
兼巳〔申子辰〕
巽宅坐巽宮・伏位輔弼宅

五鬼廉貞

坤宮・一白水・生氣

坤宮：丁卯

絕命破軍

艮宮・七赤金・殺氣

艮宮：甲子

天醫巨門

離宮・八白土・財位

離宮：乙丑

伏位輔弼

巽宮・三碧木・旺氣

巽宮：己巳

延年武曲

震宮・二黑土・財位

震宮：戊辰

巳山亥向：巳居東南與巽相隸，五行屬火

其勢來形止之處，坐向收放得法，出人聰俊文雅，富貴成名，房分雖均，男女少壽。反此則遭子孫必有：貧寒孤寡，殘疾奸淫，做賊打劫之應。

生氣貪狼

乾宮・五黃關煞

乾宮：壬戌

禍害祿存

坎宮・九紫火・洩氣

坎宮：丙寅

伏位輔弼

兌宮・六白金・煞氣

兌宮：癸亥

巳山亥向

巽〔四綠木〕入中宮

擇日八煞：辛酉

兌宅坐巽宮・六煞文曲宅

三殺：申、子、辰

延年武曲

艮宮・七赤金・煞氣

艮宮：甲子

天醫巨門

坤宮・一白水・生氣

坤宮：丁卯

絕命破軍

震宮・二黑土・財位

震宮：戊辰

五鬼廉貞

離宮・八白土・財位

離宮：乙丑

六煞文曲

巽宮・三碧木・旺氣

巽宮：己巳

巽卦「辰、巽、巳」通論

乾： 飛五黃土到乾方，五黃乃關煞之方，為當然開門之位。

解： 乾為天門位，若配合坤宮「五鬼廉貞生氣位」開扇門，為天地定位大吉大利，若再配合中宮「四綠文昌」安香火神位，此局主出科第之人，書香綿遠。中宮不宜做浴廁，污穢文昌，主出人愚頑。

兌： 飛六白金到兌方，六白金剋中宮四綠木，殺氣方。

解： 殺氣方宜做浴廁或儲藏室……等。
不宜開門、做灶、安香火神位……等。

艮： 飛七赤金到艮方，七赤金剋中宮四綠木，殺氣方。

解： 殺氣方宜做浴廁或儲藏室……等。
不宜開門、做灶、安香火神位……等。

離： 飛八白土到離方，中宮四綠木剋八白土，死氣方，俗稱財位方。

解： 財位方為不動方，動則財散人不安。安香火神位可聚財。

丹田有寶休尋道，對境無心莫問禪

巽卦「辰・巽・巳」通論

坎： 飛九紫火到坎方，中宮四綠木生九紫火，洩氣方。

解： 洩氣方宜做浴廁或儲藏室……等。

　　 不宜開門、做灶、安香火神位……等。

坤： 飛一白水到坤方，一白水生中宮四綠木，生氣方。

解： 生氣方宜開門、做灶、安香火神位、收銀台、安機器等皆能旺發，
　　 大吉大利。

震： 飛二黑土到震方，中宮四綠木剋二黑土，死氣方，俗稱財位方。

解： 財位方為不動方，動則財散人不安。安香火神位可聚財。

巽： 飛三碧木到巽方，三碧木與中宮四綠木會合，旺氣方。

解： 旺氣方與生氣方，有異曲同工之妙。宜開門、做灶、安香火神位、
　　 收銀台、安機器等皆能旺發，大吉大利。

歌訣：巽方玄武山高如木星，文筆秀士高官居其間，坤方來路高峰似
　　　水星，財富人丁時時宅內現，乾方朱雀逆水若潮來，橫發財丁兒
　　　孫狀元才。

黃河尚有澄清日，人生豈無得意時

丙山壬向：丙居南方隸屬於午，五行屬火

其勢來形止之處，坐向收放得法，出人貌瘦心焦，面赤髮黃，秉性忠良，老年高壽。反此則遭子孫必有：損傷禍害，回祿之殃，惡瘡心病之應。

天醫巨門
乾宮・一白水・殺氣
乾宮：庚子

五鬼廉貞
坎宮・五黃關煞
坎宮：甲辰

伏位輔弼
艮宮・三碧木・生氣
艮宮：壬寅

延年武曲
兌宮・二黑土・洩氣
兌宮：辛丑

丙山壬向
離〔九紫火〕入中宮
擇日八煞：己亥
艮宅坐離宮・禍害祿存宅
三殺：申、子、辰

六煞文曲
震宮・七赤金・財位
震宮：丙午
三七疊臨・盜賊官災

生氣貪狼
坤宮・六白金・財位
坤宮：乙巳

禍害祿存
離宮・四綠木・生氣
離宮：癸卯
文昌位

絕命破軍
巽宮・八白土・洩氣
巽宮：丁未

161

午山子向：午居正南與丙相隸，五行屬火

其勢來形止之處，坐向收放得法，出人聰明巧智，骨露聲焦，偉器高昂，富貴驟發。反此則遭子孫必有：好訟尚氣，渴疾瘡癩，焚屋染瘟之應。

絕命破軍 乾宮・一白水・殺氣 乾宮：庚子	**延年武曲** 坎宮・五黃關煞 坎宮：甲辰	**禍害祿存** 艮宮・三碧木・生氣 艮宮：壬寅
五鬼廉貞 兌宮・二黑土・洩氣 兌宮：辛丑	**午山子向** 離〔九紫火〕入中宮 擇日八煞：己亥 離宅坐離宮・伏位輔弼宅 三殺：申、子、辰	**生氣貪狼** 震宮・七赤金・財位 震宮：丙午 三七疊臨・盜賊官災
六煞文曲 坤宮・六白金・財位 坤宮：乙巳	**伏位輔弼** 離宮・四綠木・生氣 離宮：癸卯 文 昌 位	**天醫巨門** 巽宮・八白土・洩氣 巽宮：丁未

丁山癸向：丁居南方隸屬於未，五行屬火

其勢來形止之處，坐向收放得法，出人性快貌清，做事豪爽，名成利遂，富壽兼全。反此則遭子孫必有：惹非好訟，心疼氣痛，家道貧難之應。

禍害祿存
坎宮・五黃關煞
坎宮：甲辰

延年武曲
艮宮・三碧木・生氣
艮宮：壬寅

生氣貪狼
乾宮・一白水・殺氣
乾宮：庚子

伏位輔弼
兌宮・二黑土・洩氣
兌宮：辛丑

丁山癸向
離〔九紫火〕入中宮
擇日八煞：己亥
兌宅坐離宮・五鬼廉貞宅
三殺：申、子、辰

絕命破軍
震宮・七赤金・財位
震宮：丙午
三七疊臨・盜賊官災

六煞文曲
巽宮・八白土・洩氣
巽宮：丁未

天醫巨門
坤宮・六白金・財位
坤宮：乙巳

五鬼廉貞
離宮・四綠木・生氣
離宮：癸卯

文昌位

離卦「丙、午、丁」通論

乾： 飛一白水到乾方，一白水剋中宮九紫火，殺氣方。

解： 殺氣方宜做浴廁或儲藏室……等。

　　不宜開門、做灶、安香火神位……等。

兌： 飛二黑土到兌方，中宮九紫火生二黑土，洩氣方。

解： 洩氣方宜做浴廁或儲藏室……等。

　　不宜開門、做灶、安香火神位……等。

艮： 飛三碧木到艮方，三碧木生中宮九紫火，生氣方。

解： 生氣方宜開門、做灶、安香火神位、收銀台、安機器等皆能旺發，

　　大吉大利。

離： 飛四綠木到離方，四綠木生中宮九紫火，生氣方。

解： 四綠為文昌照臨之方，又是生氣方，宜開門，做書房有利學子，

　　做灶主出人聰慧、安香火神位、收銀台、安機器等皆能旺發。

　　做浴廁則為污穢文昌，不利學子，兒女愚頑。

籠雞有食湯鍋近，野鶩無糧天地寬

離卦「丙、午、丁」通論

坎： 飛五黃土到坎方，五黃乃關煞之方，為當然開門之位。

坤： 飛六白金到坤方，中宮九紫火剋六白金，死氣方，俗稱財位方。
解： 財位方為不動方，動則財散人不安。安香火神位可聚財。

震： 飛七赤金到震方，中宮九紫火剋七赤金，死氣方，俗稱財位方。
解： 財位方為不動方，動則財散人不安。安香火神位可聚財。
注： 震三飛七赤金，形成三七疊臨，則有盜賊官災之應。

巽： 飛八白土到巽方，中宮九紫火生八白土，洩氣方。
解： 洩氣方宜做浴廁或儲藏室……等。
　　 不宜開門、做灶、安香火神位……等。

歌訣：九紫艮峰高，兒孫大富豪，離峰龍騰起，財丁蔭此地。

手拿菜刀來切蔥，切開才知兩頭空

未山丑向：未居西南與丁相隸，五行屬土

其勢來形止之處，坐向收放得法，出人忠良孝義，身體肥厚，家道豐裕，福壽俱全。反此則遭子孫必有：因訟破家，氣疾痿黃，雷傷悖逆之應。

天醫巨門

坎宮・七赤金・洩氣

坎宮：庚申・戊申

六煞文曲

艮宮・五黃關煞

艮宮：戊午・丙午

伏位輔弼

震宮・九紫火・生氣

震宮：壬戌・庚戌

五鬼廉貞

乾宮・三碧木・煞氣

乾宮：丙辰・甲辰

未山丑向

坤〔二黑土〕入中宮

擇日八煞：乙卯・借用癸卯

震宅坐坤宮・禍害祿存宅

三殺：申、子、辰

延年武曲

巽宮・一白水・財位

巽宮：癸亥・辛亥

四一同宮・準發科甲

絕命破軍

兌宮・四綠木・殺氣

兌宮：丁巳・乙巳

文昌位

禍害祿存

坤宮・八白土・旺氣

坤宮：辛酉・己酉

生氣貪狼

離宮・六白金・洩氣

離宮：己未・丁未

坤山艮向：坤居西南隸屬於申，五行屬土

其勢來形止之處，坐向收放得法，出人肥滿厚重，心性寬和，多女少男，富貴易乏。反此則遭子孫必有：孤淫忤逆，顏色痿黃，虛浮腫病之應。

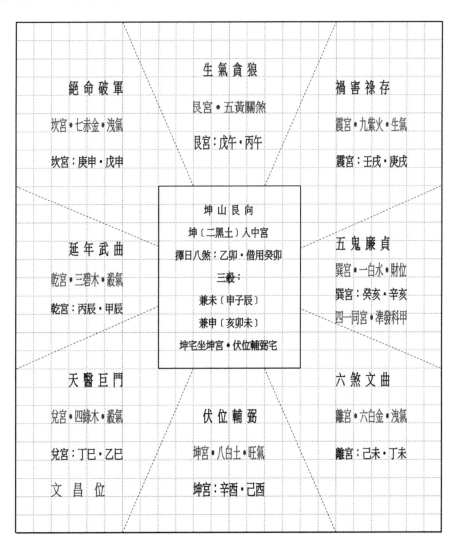

生氣貪狼

艮宮•五黃關煞

艮宮：戊午•丙午

絕命破軍

坎宮•七赤金•洩氣

坎宮•庚申•戊申

禍害祿存

震宮•九紫火•生氣

震宮：壬戌•庚戌

坤山艮向
坤〔二黑土〕入中宮
擇日八煞：乙卯•借用癸卯
三殺：
兼未〔申子辰〕
兼申〔亥卯未〕
坤宅坐坤宮•伏位輔弼宅

延年武曲

乾宮•三碧木•殺氣

乾宮：丙辰•甲辰

五鬼廉貞

巽宮•一白水•財位

巽宮：癸亥•辛亥

四一同宮•準發科甲

天醫巨門

兌宮•四綠木•殺氣

兌宮：丁巳•乙巳

文　昌　位

伏位輔弼

坤宮•八白土•旺氣

坤宮：辛酉•己酉

六煞文曲

離宮•六白金•洩氣

離宮：己未•丁未

申山寅向：申居西南與坤相隸，五行屬金

其勢來形止之處，坐向收放得法，出人相貌清雅，做事變通，福壽齊高，富貴遠大。反此則遭子孫必有：性拗強僻，自殘刑傷，屠戮血瘝之應。

五鬼廉貞

艮宮・五黃關煞

艮宮：戊午・丙午

天醫巨門

震宮・九紫火・生氣

震宮：壬戌・庚戌

伏位輔弼

坎宮・七赤金・洩氣

坎宮：庚申・戊申

六煞文曲

乾宮・三碧木・殺氣

乾宮：丙辰・甲辰

申山寅向

坤〔二黑土〕入中宮

擇日八煞：乙卯・借用癸卯

坎宅坐坤宮・絕命破軍宅

三殺：亥・卯・未

生氣貪狼

巽宮・一白水・財位

巽宮：癸亥・辛亥

四一同宮・準發科甲

延年武曲

離宮・六白金・洩氣

離宮：己未・丁未

禍害祿存

兌宮・四綠木・殺氣

兌宮：丁巳・乙巳

文昌位

絕命破軍

坤宮・八白土・旺氣

坤宮：辛酉・己酉

坤卦「未、坤、申」通論

乾： 飛三碧木到乾方，三碧木剋中宮二黑土，殺氣方。

解： 殺氣方宜做浴廁或儲藏室……等。

　　 不宜開門、做灶、安香火神位……等。

兌： 飛四綠木到兌方，四綠木剋中宮二黑土，殺氣方。

解： 四綠為文昌照臨之方，做書房有利學子，做灶主出人聰慧。開門、
　　 安香火神位……等皆不宜。做浴廁則為污穢文昌，不利學子。

艮： 飛五黃土到艮方，五黃乃關煞之方，為當然開門之位。

離： 飛六白金到離方，中宮二黑土生六白金，洩氣方。

解： 洩氣方宜做浴廁或儲藏室……等。

　　 不宜開門、做灶、安香火神位……等。

掃得開突然便去，放不下依舊再來

坤卦「未、坤、申」通論

坎： 飛七赤金到坎方，中宮二黑土生七赤金，洩氣方。

解： 洩氣方宜做浴廁或儲藏室……等。

　　不宜開門、做灶、安香火神位……等。

坤： 飛八白土到坤方，八白土與中宮二黑土會合，旺氣方。

解： 旺氣方與生氣方，有異曲同工之妙。宜開門、做灶、安香火神位、

　　收銀台、安機器等皆能旺發，大吉大利。

震： 飛九紫火到震方，九紫火生中宮二黑土，生氣方。

解： 生氣方宜開門、做灶、安香火神位、收銀台、安機器等皆能旺發，

　　大吉大利。

巽： 飛一白水到巽方，中宮二黑土剋一白水，死氣方，俗稱財位方。

解： 此為死氣方，俗稱財位方，財位方為不動方，動則財散人不安。

　　此處又是五鬼廉貞局，安香火神位可聚財，不宜開門、安機器等。

注：巽四飛一白水，形成四一同宮，準發科甲之應，做書房有利學子。

學佛是走心地法門，練氣只是助道而已

170

庚山甲向：庚居西方隸屬於酉，五行屬金

其勢來形止之處，坐向收放得法，出人秉性堅確，身肥面圓，武勇英雄，富貴驟發。反此則遭子孫必有：迷戀酒色，離鄉失井，兇暴退財之應。

六煞文曲
艮宮・一白水・洩氣
艮宮：庚申

伏位輔弼
震宮・五黃關煞
震宮：甲子

延年武曲
巽宮・六白金・旺氣
巽宮：乙丑

天醫巨門
坎宮・三碧木・財位
坎宮：壬戌

庚山甲向
兌〔七赤金〕入中宮
擇日八煞：丁巳
震宅坐兌宮・絕命破軍宅
三殺：亥、卯、未

生氣貪狼
離宮・二黑土・生氣
離宮：辛酉

五鬼廉貞
乾宮・八白土・生氣
乾宮：戊午

絕命破軍
兌宮・九紫火・殺氣
兌宮：己未
九七穿途・回祿之映

禍害祿存
坤宮・四綠木・財位
坤宮：癸亥

文昌位

171

酉山卯向：酉居正西與庚相隸，五行屬金

其勢來形止之處，坐向收放得法，出人面白背方，肉輕骨重，剛強果斷，文武全才。反此則遭子孫必有：逞兇鬩牆，淫寡病肺，癆瘵相傳之應。

延年武曲 艮宮•一白水•洩氣 艮宮：庚申	絕命破軍 震宮•五黃關煞 震宮：甲子	六煞文曲 巽宮•六白金•旺氣 巽宮：乙丑
禍害祿存 坎宮•三碧木•財位 坎宮：壬戌	**酉山卯向** 兌〔七赤金〕入中宮 擇日八煞：丁巳 兌宅坐兌宮•伏位輔弼宅 三殺：亥、卯、未	五鬼廉貞 離宮•二黑土•生氣 離宮：辛酉
生氣貪狼 乾宮•八白土•生氣 乾宮：戊午	伏位輔弼 兌宮•九紫火•殺氣 兌宮：己未 九七穿途•回祿之殃	天醫巨門 坤宮•四綠木•財位 坤宮：癸亥 文 昌 位

辛山乙向：辛居西方隸屬於戌，五行屬金

其勢來形止之處，坐向收放得法，出人相貌磊落，風骨雅秀，聲音清朗，富貴悠遠。反此則遭子孫必有：粗暴奸巧，刀刃傷殘，癆瘵相傳之應。

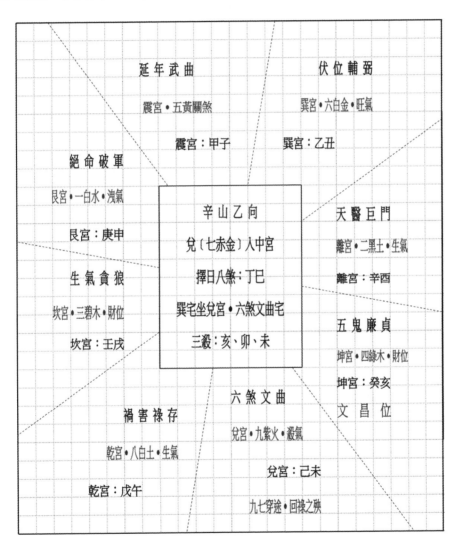

延年武曲

震宮・五黃關煞

震宮：甲子

伏位輔弼

巽宮・六白金・旺氣

巽宮：乙丑

絕命破軍

艮宮・一白水・洩氣

艮宮：庚申

生氣貪狼

坎宮・三碧木・財位

坎宮：壬戌

辛山乙向

兌〔七赤金〕入中宮

擇日八煞：丁巳

巽宅坐兌宮・六煞文曲宅

三殺：亥、卯、未

天醫巨門

離宮・二黑土・生氣

離宮：辛酉

五鬼廉貞

坤宮・四綠木・財位

坤宮：癸亥

文昌位

禍害祿存

乾宮・八白土・生氣

乾宮：戊午

六煞文曲

兌宮・九紫火・殺氣

兌宮：己未

九七穿途・回祿之殃

兌卦「庚、酉、辛」通論

乾： 飛八白土到乾方，八白土生中宮七赤金，生氣方。

解： 生氣方宜開門、做灶、安香火神位、收銀台、安機器等皆能旺發，
大吉大利。

兌： 飛九紫火到兌方，九紫火剋中宮七赤金，殺氣方。

解： 殺氣方宜做浴廁或儲藏室……等。

不宜開門、做灶、安香火神位……等。

注：兌七飛九紫火，形成九七穿途，則有回祿之殃之應。

艮： 飛一白水到艮方，中宮七赤金生一白水，洩氣方。

解： 洩氣方宜做浴廁或儲藏室……等。

不宜開門、做灶、安香火神位……等。

離： 飛二黑土到離方，二黑土生中宮七赤金，生氣方。

解： 生氣方宜開門、做灶、安香火神位、收銀台、安機器等皆能旺發，
大吉大利。

家內不修善，神佛不上案

兑卦「庚、酉、辛」通論

坎： 飛三碧木到坎方，中宮七赤金剋三碧木，死氣方，俗稱財位方。

解： 財位方為不動方，動則財散人不安。安香火神位可聚財。

坤： 飛四綠木到坤方，中宮七赤金剋四綠木，死氣方，俗稱財位方。

解： 財位方為不動方，動則財散人不安，故不宜開門、做灶、安機器……等綠文昌照臨之方，宜做書房有利學子，安香火神位可聚財。

震： 飛五黃土到震方，五黃乃關煞之方，為當然開門之位。

巽： 飛六白金到巽方，六白金與中宮七赤金會合，旺氣方。

解： 旺氣方與生氣方，有異曲同工之妙。宜開門、做灶、安香火神位、收銀台、安機器等皆能旺發，大吉大利。

歌訣：乾方高起論來龍，旺財旺丁大富豪。

　　　巽離二方鐘聲響，富貴榮華直聲響。

　　　兑卦玄武乃宜空，後山且可平地龍。

在山泉水清，出山泉水濁

戌山辰向：戌居西北與辛相隸，五行屬土

其勢來形止之處，坐向收放得法，出人相貌奇異，膽大心雄，變態不常，魁選邁眾。反此則遭子孫必有：盜賊屠僧，自殘破耗，傷殘惡死之應。

生氣貪狼

震宮‧四綠木‧財位

震宮：辛丑‧己丑

文昌位

天醫巨門

巽宮‧五黃關煞

巽宮：壬寅‧庚寅

伏位輔弼

離宮‧一白水‧洩氣

離宮：戊戌‧丙戌

禍害祿存

艮宮‧九紫火‧殺氣

艮宮：丁酉‧乙酉

戌山辰向

乾〔六白金〕入中宮

擇日八煞：甲午‧借用壬午

離宅坐乾宮‧絕命破軍宅

三殺：亥、卯、未

六煞文曲

坤宮‧三碧木‧財位

坤宮：庚子‧戊子

延年武曲

坎宮‧二黑土‧生氣

坎宮：己亥‧丁亥

絕命破軍

乾宮‧七赤金‧旺氣

乾宮：乙未‧癸未

五鬼廉貞

兌宮‧八白土‧生氣

兌宮：丙申‧甲申

乾山巽向：乾居西北隸屬於亥，五行屬金

　　其勢來形止之處，坐向收放得法，出人秉性堅執，存心不偏，富貴有聲，隨後易乏。反此則遭子孫必有：孤寡雙盲，病患腰腳，忤逆衰敗之應。

亥山巳向：亥居西北與乾相隸，五行屬水

其勢來形止之處，坐向收放得法，出人相貌肥厚，福壽綿長，三男五女，富貴皆均。反此則遭子孫必有：奸貪淫亂，飄蕩風疾，貧乏夭亡之應。

延年武曲

巽宮·五黃關煞

巽宮：壬寅·庚寅

生氣貪狼

離宮·一白水·洩氣

離宮：戊戌·丙戌

伏位輔弼

震宮·四綠木·財位

震宮：辛丑·己丑

文昌位

亥山巳向

乾〔六白金〕入中宮

擇日八煞：甲午·借用壬午

震宅坐乾宮·五鬼廉貞宅

三殺：寅、午、戌

禍害祿存

坤宮·三碧木·財位

坤宮：庚子·戊子

六煞文曲

艮宮·九紫火·殺氣

艮宮：丁酉·乙酉

絕命破軍

兌宮·八白土·生氣

兌宮：丙申·甲申

天醫巨門

坎宮·二黑土·生氣

坎宮：己亥·丁亥

五鬼廉貞

乾宮·七赤金·旺氣

乾宮：乙未·癸未

乾卦「戌、乾、亥」通論

乾： 飛七赤金到乾方，七赤金與中宮六白金會合，旺氣方。

解： 旺氣方與生氣方，有異曲同工之妙。宜開門、做灶、安香火神位、收銀台、安機器等皆能旺發，大吉大利。

兌： 飛八白土到兌方，八白土生中宮六白金，生氣方。

解： 生氣方宜開門、做灶、安香火神位、收銀台、安機器等皆能旺發，大吉大利。

艮： 飛九紫火到艮方，九紫火剋中宮六白金，殺氣方。

解： 殺氣方宜做浴廁或儲藏室……等。

　　 不宜開門、做灶、安香火神位……等。

離： 飛一白水到離方，中宮六白金生一白水，洩氣方。

解： 洩氣方宜做浴廁或儲藏室……等。

　　 不宜開門、做灶、安香火神位……等。

數，有所不逮，神，有所不通，用君之心，行君之意

乾卦「戌、乾、亥」通論

坎： 飛二黑土到坎方，二黑土生中宮六白金，生氣方。

解： 生氣方宜開門、做灶、安香火神位、收銀台、安機器等皆能旺發，
大吉大利。

坤： 飛三碧木到坤方，中宮六白金剋三碧木，死氣方，俗稱財位方。

解： 財位方為不動方，動則財散人不安。安香火神位可聚財。

震： 飛四綠木到震方，中宮六白金剋四綠木，死氣方，俗稱財位方。

解： 財位方為不動方，動則財散人不安，故不宜開門、做灶、安機器
等綠文昌照臨之方，宜做書房有利學子，安香火神位可聚財。

巽： 飛五黃土到巽方，五黃乃關煞之方，為當然開門之位。

欲擬化他人，自須有方便，勿令彼有疑，即是自性見

紫白飛星、八宅吉凶與擇日八煞綜合圖解

紫白飛星：以卦飛奪，一卦管三山，三山同論；只適用於陽宅。

1、卦入中宮，中宮為五，故從六乾起飛，接著七兌、八艮、九離，復從一坎、二坤、三震、四巽的順序飛奪；五黃關煞，一定飛在坐卦的正對面，也就是說：一個房子的正前方為當然開門之位。

2、以坐山之卦入中宮之五行為體，飛入各卦之五行為用，所產生的生剋制化，而衍生出「**生、殺、旺、洩、死**」的磁場。

3、此磁場決定宅屋內部「**大門、香火神位、廚灶、浴廁**」……等的相關位置是否得位，而能知災咎悔吝、吉凶禍福。

4、**四一同宮，準發科甲**。飛四綠木的卦位，就是文昌位；做書房有利學子，大門或廚灶逢之，則旺全家；若逢四一同宮，有準發科甲之應。

　　注：坎為一，飛四綠木，或巽為四，飛一白水，此為四一同宮；若能善加利用，則有準發科甲之應。

5、**三七疊臨，盜賊官災**。震為三，飛七赤金，或兌為七，飛三碧木，形成三七疊臨，不宜開門當走道，恐有盜賊官災之應。

6、**九七穿途，回祿之殃**。離為九，飛七赤金，或兌為七，飛九紫火，形成九七穿途，不宜開門當走道，恐有回祿之殃之應。

7、大原則「**大門、香火神位、廚灶**」在生氣方或旺氣方；
「**浴廁、儲藏室**」……等則在殺氣方或洩氣方。

8、財位就是被中宮所剋的死氣方，在陽宅學上「**死氣方**」聽起來有點不祥之兆，故以「**財位**」定之；既然是死氣方，就是不動方，動則財散人不安，開門則氣洩財散，安香火神位，則可聚財。

9、生旺位在房子的前半段，開門則能旺發；如在後半段，只能做為後門，不能做為前開門之用，若做為前門之用，雖然不會是「**凶**」門，但違反宇宙自然法則，恐出「**奴欺主，兒女忤逆**」之象。

此 24 山紫白飛星、八宅吉凶與擇日八煞綜合圖解，以紫白飛星為主，八宅吉凶為輔，擇日八煞不可或缺。

這個綜合圖解，適合在建造房屋或買房時，直接套上房屋的平面圖，就能清楚的瞭解吉凶，或該注意的細節。

開口神氣散，意動火工寒

壬山「陰陽祕法」丙向

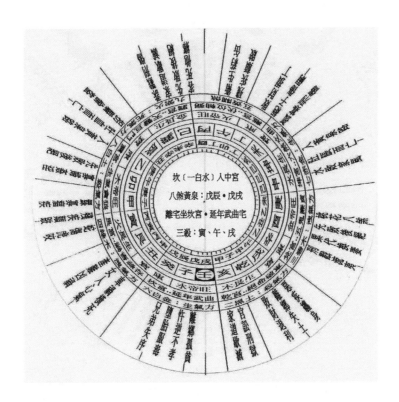

午路或來水：黃泉煞，冬至過，四個月後恐枉死無救。

乙辰路或來水：恐出拐騙偷盜之徒，若入黃泉路，吐血而亡。

坤申路或來水：路出忤逆子，水來敗家風，若入黃泉路，肚脹而亡。

午、乙辰、坤申等位：若有煞來應，則可化煞為恩，藉煞登將台。

卯、丁未、巽巳丙：只能有路或來水吉應；若有水流去者：主凶，恐
有蛇傷虎咬、忤逆自縊、客死他鄉之禍。

坎卦「壬子癸」三山總應：憸邪浮靡、飄蕩橫亡、孤寡破家之應。

子山「陰陽祕法」午向

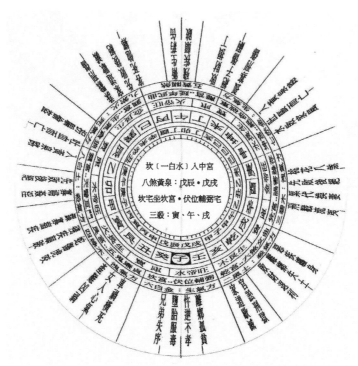

丁未路或來水：恐有損才敗丁、孤寡刑傷、絕子傷嗣之厄。

巽巳丙路或來水：恐有客死他鄉、家道敗退、精神錯亂之應。

坤申、乙辰：只能有路或來水吉應；若有水流去者：主凶。

雙午門四年敗了，15年子亡「發病7天內死亡」。

所謂的雙午門，就是要有庭院的內外大門才屬之。若陽宅是雙午門，必須神位與門路來吉配，才不會死亡，但仍為破財局「只適用於陽宅」。

坎卦「壬子癸」三山總應：愴邪浮靡、飄蕩橫亡、孤寡破家之應。

癸山「陰陽祕法」丁向

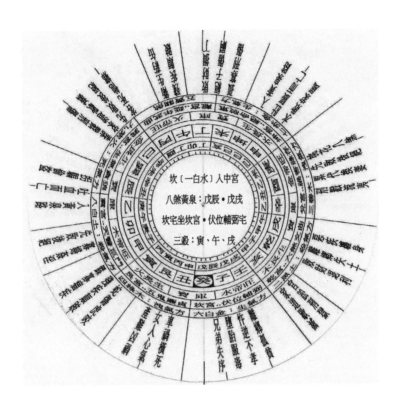

午路或來水：恐有衛生藥罐、殘疾顛簸之應。

坤申路或來水：路出忤逆子，水來敗家風，先敗後絕之象。

乙辰路或來水：卯年有事，12 年一劫。

癸丑為羊刃煞兼陰陽破，故不可相兼 3 度以內。

若坐山落在「壬子木」分金內，在「亥卯未」年月，恐有口舌官非、惡疾纏身、拐騙偷盜之應。

坎卦「壬子癸」三山總應：憸邪浮靡、飄蕩橫亡、孤寡破家之應。

丑山「陰陽祕法」未向

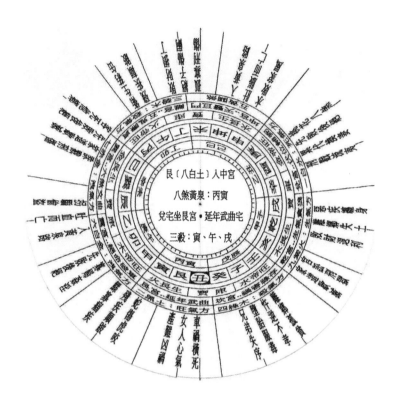

午路或來水：恐有衛生藥罐、損傷禍害之應。

坤申路或來水：路出忤逆子、水來敗家風、好訟氣痛之應。

癸丑為羊刃煞兼陰陽破，故不可相兼3度以內。

若坐山落在「**乙丑金**」分金內，在「**巳酉丑**」年月，恐有口舌官非、惡疾纏身、拐騙偷盜之應。

此坐山為「雙巨門」局：巳酉丑、亥卯未若全合局，乃文武將局。

艮卦「**丑艮寅**」三山總應：忤逆悖亂、愚頑憒蠢、乖張瘋狂之應。

艮山「陰陽祕法」坤向

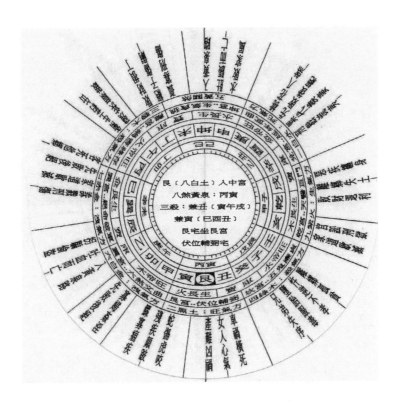

丁未路或來水：恐有損才敗丁、孤寡刑傷、絕子傷嗣之厄。

庚酉辛路或來水：恐有桃花八煞、刑戮流夷、精神異常之災。

巽巳丙路或來水：恐有客死他鄉、家道敗退、精神錯亂之應。

艮納丙「丙寅」為八煞黃泉，故不可相兼 3 度以內。

若坐山落在「癸丑木」分金內，在「亥卯未」年月，恐有鰥寡痼疾，產難凶禍，車禍橫死之應。

艮卦「丑艮寅」三山總應：忤逆悖亂、愚頑懵蠢、乖張瘋狂之應。

寅山「陰陽祕法」申向

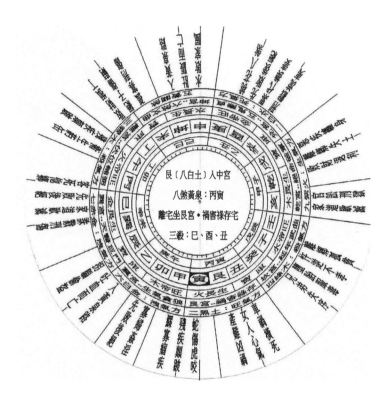

此八煞黃泉局：申年有事，若全合局，仍是 12 年一劫。

丁未路或來水：恐有損才敗丁、孤寡刑傷、絕子傷嗣之厄。

庚酉辛路或來水：恐有桃花八煞、刑戮流夷、精神異常之災。

艮納丙「**丙寅**」為八煞黃泉，故不可相兼 3 度以內。

若坐山落在「**甲寅水**」分金內，在「**申子辰**」年月，恐有蛇傷虎咬之應，若入黃泉路，恐有橫死凶禍。

艮卦「**丑艮寅**」三山總應：忤逆悖亂、愚頑憎蠢、乖張瘋狂之應。

甲山「陰陽祕法」庚向

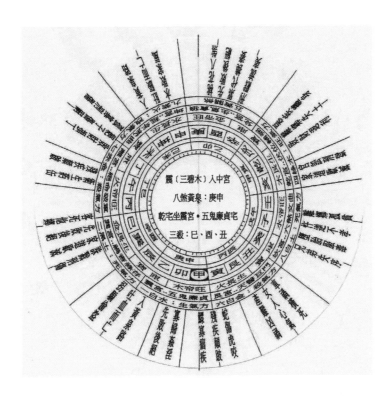

午路或來水：恐有衛生藥罐、殘疾顛簸之應。

乾戌路或來水：恐有惡疾纏身、離鄉失土、刑戮流夷之應。

坤申路或來水：路出忤逆子、水來敗家風、好訟氣痛之應。

單場坐山落在「戊寅土」分金內不出丁，面前有池三房絕。

甲卯為羊刃煞兼陰陽破，故不可相兼3度以內。

若坐山落在「壬寅金」分金內，在「巳酉丑」年月，恐有桃花八煞之災。

震卦「甲卯乙」三山總應：忤逆自縊、性拗亂俗、離鄉空亡之應。

卯山「陰陽祕法」酉向

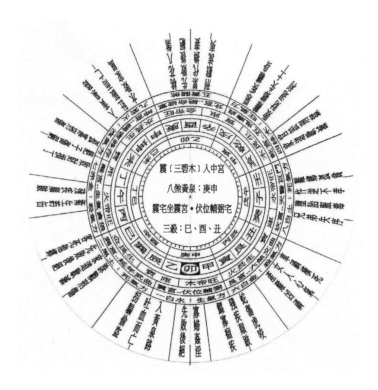

乙卯為八煞黃泉局，甲卯為羊刃煞兼陰陽破，故不能相兼3度以內。

若坐山落在「**乙卯水**」分金內，在「**申子辰**」年月，恐有桃花八煞之災。

若坐山落在「**癸卯金**」分金內，在「**巳酉丑**」年月，先敗後絕，敗家風之應，若入黃泉路，吐血而亡。

巳酉丑、亥卯未全合局，一品夫人局。

酉水、丁未路，巽巳丙有池有水來為「倒插金花」一品夫人局。

震卦「**甲卯乙**」三山總應：忤逆自縊、性拗亂俗、離鄉空亡之應。

乙山「陰陽祕法」辛向

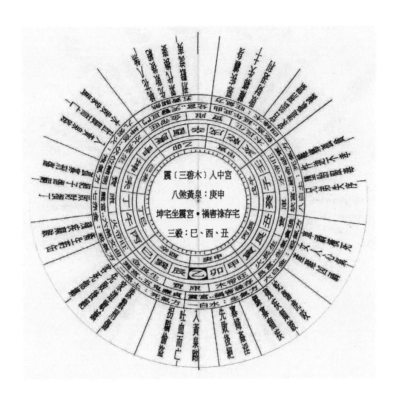

坤申路或來水：亥卯未年不見九「只限陰宅」。

注：亥卯未年歲數逢 9、19、29、39、49……等者，將入黃泉路。

乾戌路或來水：恐有惡疾纏身、離鄉失土、刑戮流夷之應。

乙卯為八煞黃泉局，故不能相兼 3 度以內。

若坐山落在「乙卯水」分金內，在「申子辰」年月，恐有桃花八煞之災，
若入黃泉路，吐血而亡。

震卦「甲卯乙」三山總應：忤逆自縊、性拗亂俗、離鄉空亡之應。

辰山「陰陽祕法」戌向

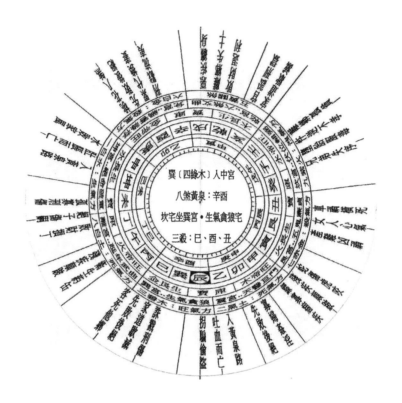

亥路或來水：恐有官訟刑獄、流戮刑夷之禍。

庚酉辛路或來水：恐有桃花八煞、刑戮流夷、精神異常之災。

亥位、庚酉辛位：若有煞來應，則可化煞為恩，藉煞登將台。

辰巽為天罡煞，故不能相兼3度以內。

若坐山落在「壬辰水」分金內，在「申子辰」年月，恐有兄弟失序、兒女忤逆不孝、絕子傷嗣之憂。

巽卦「辰巽巳」三山總應：醜惡篤疾、酗賭破家、殘疾奸淫之應。

巽山「陰陽祕法」乾向

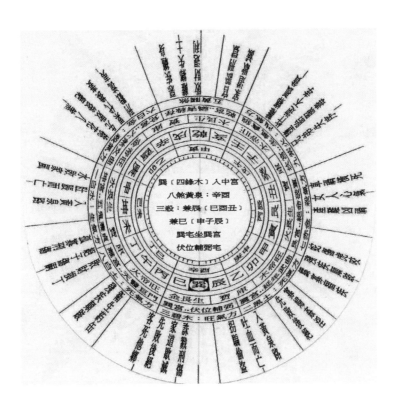

亥路或來水：恐有官訟刑獄、流戮刑夷之禍。

庚酉辛路或來水：恐有桃花八煞、刑戮流夷、精神異常之災。

亥位、庚酉辛位：若有煞來應，則可化煞為恩，藉煞登將台。

辰巽為天罡煞，故不能相兼3度以內。

若坐山落在「甲辰火」分金內，在「寅午戌」年月，恐有兄弟失序、
兒女忤逆不孝、絕子傷嗣之憂。

巽卦「辰巽巳」三山總應：醜惡篤疾，酗賭破家，殘疾奸淫之應。

巳山「陰陽祕法」亥向

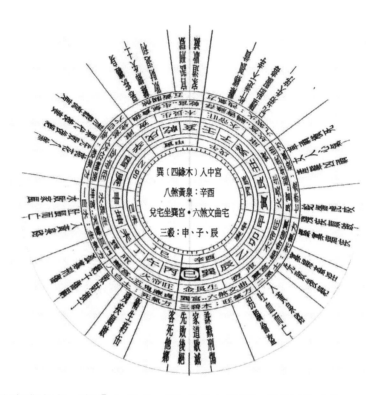

丑艮路或來水：有「庚酉辛」路或來水搭配，則快速旺發。

乾戌路或來水：恐有惡疾纏身、離鄉失土、流戮刑夷之應。

壬子癸路或來水：若無吉配，12 天內，半路車禍橫亡。若有吉配，12 天內仍會出事，傷子不死，半月痊癒。(僅適用陰宅)

此局為陰陽法：凶煞格局

12 年一劫，若出事則在巳年誅戮刑傷，客死他鄉，半路而亡。

巽卦「辰巽巳」三山總應：醜惡篤疾、酗賭破家、殘疾奸淫之應。

丙山「陰陽祕法」壬向

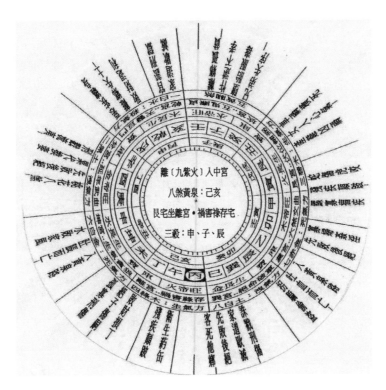

亥路或來水：恐有官訟刑獄、離鄉孤貧之應。

丑艮路或來水：恐有女人心氣、產難凶禍、車禍橫死之殃。

庚酉辛路或來水：恐有桃花八煞、刑戮流夷、精神異常之災。

丙午為羊刃煞兼陰陽破，故不可相兼 3 度以內。

若坐山落在「**癸巳水**」分金內，在「**申子辰**」年月，恐有殘疾顛簸、藥罐不斷之厄，若入黃泉路，恐有客死他鄉之應。

離卦「**丙午丁**」三山總應：損傷禍害、好訟尚氣、心疼氣痛之應。

午山「陰陽祕法」子向

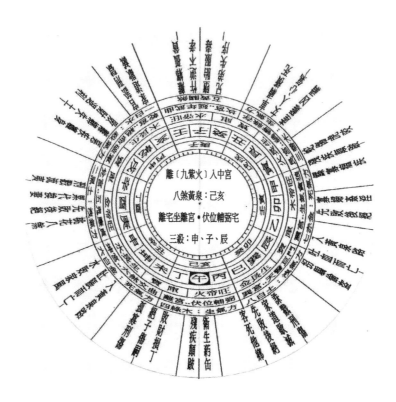

亥路或來水：恐有官訟刑獄、離鄉孤貧之應。

丑艮路或來水：恐有女人心氣、產難凶禍、車禍橫死之殃。

庚酉辛路或來水：恐有桃花八煞、刑戮流夷、精神異常之災。

丙午為羊刃煞兼陰陽破，故不可相兼 3 度以內。

若坐山落在「甲午金」分金內，在「巳酉丑」年月，恐有殘疾顛簸、
藥罐不斷之厄，或有忤逆服毒、離鄉孤貧之應。

離卦「丙午丁」三山總應：損傷禍害、好訟尚氣、心疼氣痛之應。

丁山「陰陽祕法」癸向

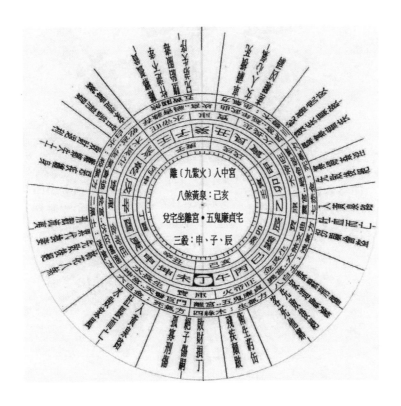

丑艮路或來水：恐有女人心氣、產難凶禍、車禍橫死之殃。

亥路或來水：恐有官訟刑獄、離鄉孤貧之應。

卯路或來水：恐有姦淫醜事、做賊打劫、因賊而敗之禍。

壬子癸、甲寅、乾戌：只能有路或來水吉應則發；若有水流去者，恐
有軍賊邢獄、蛇傷虎咬、子孫飄蕩橫亡之應。

此坐山若有凶應，多損丁傷子、絕子傷嗣之憂。

離卦「**丙午丁**」三山總應：損傷禍害、好訟尚氣、心疼氣痛之應。

未山「陰陽祕法」丑向

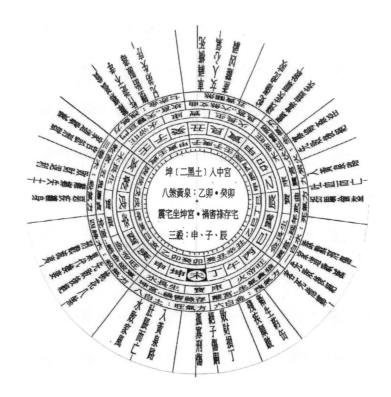

甲寅路或來水：恐有鰥寡孤寂、蛇傷虎咬、風邪目疾之應。

乾戌路或來水：恐有惡疾纏身、離鄉失土、流戮刑夷之應。

壬子癸路或來水：恐有忤逆不孝、兄弟失序、服毒孤貧之厄。

乙辰路或來水：恐出拐騙偷盜之徒，若入黃泉路，吐血而亡。

丑艮、亥、卯：只能有路或來水吉應則發；若有水流去者，恐有忤逆悖亂、離鄉飄蕩、淫奔敗俗之應。

坤卦「未坤申」三山總應：雷傷悖逆、虛浮腫病、屠戮血癆之應。

坤山「陰陽祕法」艮向

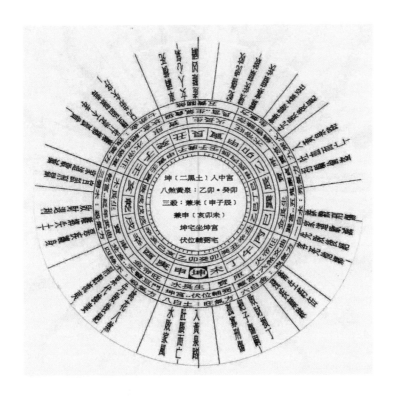

甲寅路或來水：恐有鰥寡孤寂、蛇傷虎咬、風邪目疾之應。

壬子癸路或來水：恐有忤逆不孝、兄弟失序、服毒孤貧之厄。

乙辰路或來水：恐出拐騙偷盜之徒，若入黃泉路，吐血而亡。

甲寅、乙辰、壬子癸等位：若有煞來應，則可化煞為恩，藉煞登將台。

卯、亥、丑艮水流去者：恐有桃花八煞、做賊打劫、漂蕩風疾、離鄉
孤貧、官訟刑獄、車禍橫死之禍。

坤卦「未坤申」三山總應：雷傷悖逆、虛浮腫病、屠戮血癆之應。

申山「陰陽祕法」寅向

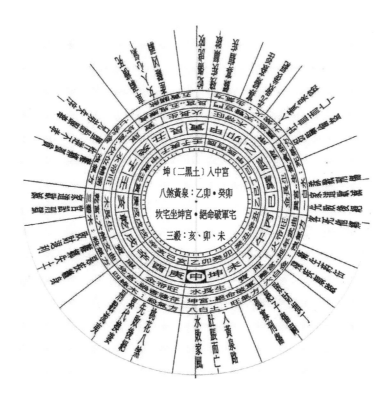

卯路或來水：恐有姦淫醜事、做賊打劫、因賊而敗之禍。

丑艮路或來水：恐有女人心氣、產難凶禍、車禍橫死之殃。

卯位、丑艮位：若有煞來應，則是化煞為恩，藉煞登將台。

庚申為八煞黃泉，故不能相兼3度以內。

若坐山落在「壬申金」分金內，在「巳酉丑」年月，恐有桃花八煞、若入黃泉路、肚脹而亡之憂。

坤卦「未坤申」三山總應：雷傷悖逆、虛浮腫病、屠戮血癆之應。

庚山「陰陽祕法」甲向

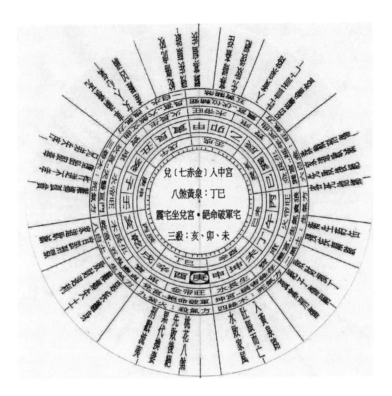

卯路或來水：恐有姦淫醜事、做賊打劫、因賊而敗之禍。

丑艮路或來水：恐有女人心氣、產難凶禍、車禍橫死之殃。

庚申為八煞黃泉，故不能相兼 3 度以內。

若坐山落在「**甲申水**」分金內，在「**申子辰**」年月，恐有桃花八煞、若入黃泉路、肚脹而亡之憂。

申子辰、寅午戌全合局：收放得法乃「**真命天子**」局。

兌卦「**庚酉辛**」三山總應：迷戀酒色、逞兇鬩牆、粗暴奸巧之應。

酉山「陰陽祕法」卯向

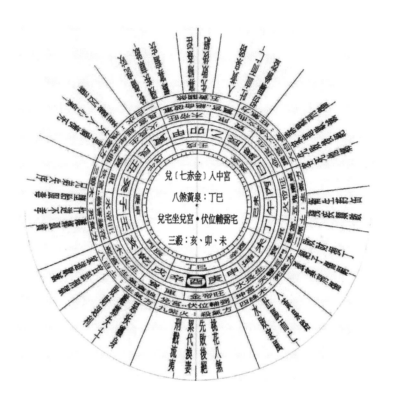

兌（七赤金）入中宮

八煞黃泉：丁巳

兌宅坐兌宮・伏位輔弼宅

三殺：亥、卯、未

甲寅路或來水：恐有鰥寡孤寂、蛇傷虎咬、風邪目疾之應。

乙辰路或來水：恐出拐騙偷盜之徒，若入黃泉路，吐血而亡。

壬子癸路或來水：恐有忤逆不孝、兄弟失序、服毒孤貧之厄。

辛酉為八煞黃泉，故不能相兼3度以內。

若坐山落在「癸酉金」分金內，在「巳酉丑」年月，恐有恐有桃花八煞、刑戮流夷、忤逆淫縊之災。

兌卦「庚酉辛」三山總應：迷戀酒色、逞兇鬩牆、粗暴奸巧之應。

辛山「陰陽祕法」乙向

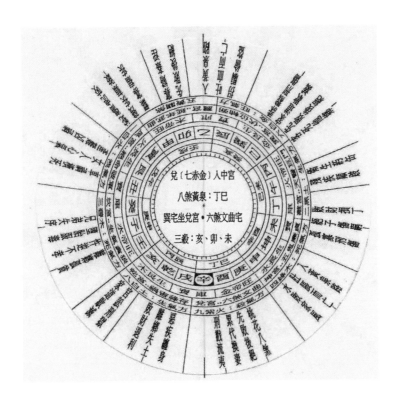

辛酉為八煞黃泉，辛戌為羊刃煞兼陰陽破，故不能相兼3度以內。

故此局只能走單場，若用單場則速發。

若坐山落在「**乙酉水**」分金內，在「**申子辰**」年月，坐山落在「**癸酉金**」分金內，在「**巳酉丑**」年月，恐有恐有桃花八煞、忤逆淫縊之災。

巽巳丙有池或來水：恐有誅戮刑傷、客死他鄉之厄。

此局若兼酉三分以內，且卯區有池，不出30年絕嗣全滅。

兌卦「**庚酉辛**」三山總應：迷戀酒色、逞兇鬩牆、粗暴奸巧之應。

戌山「陰陽祕法」辰向

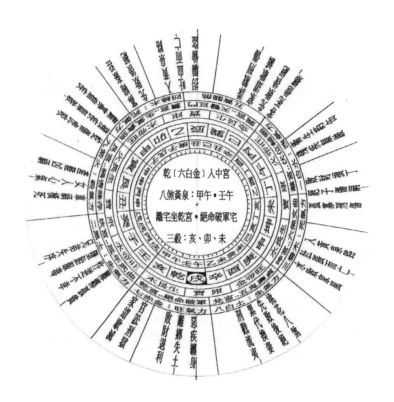

卯路或來水：恐有姦淫醜事、做賊打劫、因賊而敗之禍。

巽巳丙路或來水：恐有客死他鄉、家道敗退、精神錯亂之應。

卯位、巽巳丙位：若有煞來應，則可化煞為恩，藉煞登將台。

辛戌為羊刃煞兼陰陽破，故不能相兼 3 度以內。

若坐山落在「**甲戌火**」分金內，在「**寅午戌**」年月，恐有惡疾纏身、離鄉失土、軍旅叛逃、凶禍刑獄之應。

乾卦「**戌乾亥**」三山總應：盜賊屠僧、忤逆衰敗、飄蕩風疾之應。

乾山「陰陽祕法」巽向

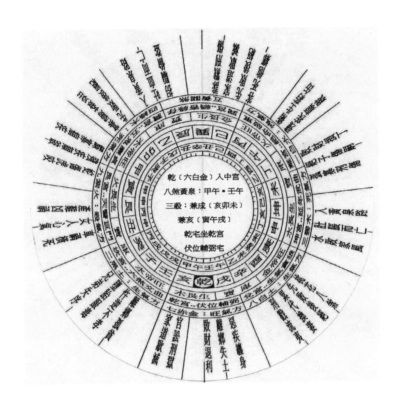

午路或來水：恐有衛生藥罐、破耗徒刑之災。

甲寅路或來水：恐有鰥寡孤寂、蛇傷虎咬、風邪目疾之應。

乙辰路或來水：恐出拐騙偷盜之徒，若入黃泉路，吐血而亡。

午、甲寅、乙辰等位：若有煞來應，則可化煞為恩，藉煞登將台。

卯位若有水流去者：恐有淫奔敗俗、離鄉空亡之應。

丙巳位若有水流去者：恐有孤弱不振、棄家離鄉之憂。

乾卦「**戌乾亥**」三山總應：盜賊屠僧、忤逆衰敗、飄蕩風疾之應。

亥山「陰陽祕法」巳向

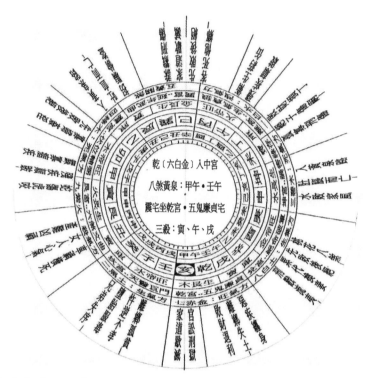

乾〔六白金〕入中宮

八煞黃泉：甲午·壬午

震宅坐乾宮·五鬼廉貞宅

三殺：寅、午、戌

午路或來水：恐有衛生藥罐、破耗徒刑之災。

乙辰路或來水：恐有淫奔敗家風，或拐騙偷盜之應。

午位、乙辰位：若有煞來應，則可化煞為恩，藉煞登將台。

卯位若有水流去者：恐有淫奔敗俗、離鄉孤寡之憂。

丁未位若有水流去者：恐有敗財損丁、忤逆自縊之禍。

巽巳丙位若有水流去者：恐有蛇傷虎咬、客死他鄉之災。

乾卦「**戌乾亥**」三山總應：盜賊屠僧、忤逆衰敗、飄蕩風疾之應。

陰陽風水祕術

風水殘卷《16字陰陽風水祕術》，雖然名為 16 字，而更確切的說應該是 16 卷，每卷以周天古卦中的一個字為代表，共計 16 字，所以稱為 16 字。

16 字：分別是：「**天、地、人、鬼、神、佛、魔、畜、懾、鎮、遁、物、化、陰、陽、空**」。這部主要記載陰陽風水學的古籍，可謂無所不包，不僅有風水術和陰陽術，更因為它是由摸金校尉的高手所著，所以裡面還涵蓋了大量各朝各代古墓形制、結構、佈局的描述，以及摸金校尉們在倒鬥之時遇到過的各種疑難艱險。

可以說《16字陰陽風水祕術》是一部貨真價實的「**摸金倒鬥指南**」，不過這本書只是殘本，陰陽術的部分並沒有流傳下來，僅有風水術的 16 字。

來歷：晚清年間，有名金盆洗手的摸金校尉，人稱張三鏈子、張三爺。據說摸金校尉自一古冢裡掘得了 16 字天卦全象，並結合摸金校尉的專利產品「**尋龍訣**」，撰寫了一部《16字陰陽風水祕術》。但此書奪天地之祕，恐損陽壽，便毀去陰陽術的那半本，剩下的半本傳給了摸金校尉的徒弟陰陽眼孫國輔，連摸金校尉的親生子孫都沒得傳授。出自《鬼吹燈 1》。

16 字風水分別對應的內容如下：

天： 這一部分主要是星學，也就是在風水術中佔很大比重的天星風水，地分吉凶，星有善惡，看風水尋龍脈講的就是上觀天星、下審地脈。

地： 風水術的主體是相形度地，大道龍行自有真，星峯磊落是龍身，透過解讀大地山川河流的走向形勢，判斷龍脈的來去止伏，觀取「龍、砂、穴、水」，這就是地字篇的內容。

人： 風水有陰陽宅之說，陰宅是墓地，是為死者準備的，而陽宅是活人的居所，對於陽宅的選擇，一樣也有極深的風水理論，又稱「陰陽明鏡」之術，此「陰陽明鏡」非彼「八宅明鏡」之術也。

鬼： 顧名思義，幽冥之說為鬼，這一篇主要是講解古墓主人的情況。例如屍首和棺槨的擺放，殉葬者與陪葬品的位置，長明燈、長生燭的象徵性等等，凡是墓中與死者有直接關聯的，多在此卷之中。

神： 自古以來，渴望死後成仙，並沉迷此道之人不可勝數，尸解成仙的事情在風水中多有記載。同形勢理氣息息相關，如何在神仙穴中尸解羽化是這一篇的主要內容，就如同「屠龍之術」，在大多數的情況下，「神仙穴中羽化眠」是一套虛空無極的理論。

佛： 風水理論體系龐大繁雜，摸金校尉所擅長的風水祕術，都是以《易》為總綱，屬於道家一脈，而其餘的各個宗教也都有各自的風水理論，當然也許在那些宗教中並不稱其為風水。但是其本質都是一樣的。佛字一卷記載的是禪宗風水。

魔： 吉星之下無不吉，凶星之下凶所存，況是凶龍不入穴。只是閒行引身過。魔字篇中的內容，主說地脈天星之惡兆，使人遠避地劫

208

天禍，這是專門講風水中凶惡徵兆的一篇。

畜：聖人有云，禽獸之流，不可以與之為伍，山川地貌都是大自然的
鬼斧神工，有些奇山異石，自然造化生成百獸型態，這在風水中
也大有名堂。舉個例子來説，比如山體似牛，便有臥牛、眠牛、
耕牛、屠牛、望月牛之分，姿態形勢不同，吉凶各異，這一篇主
要説的是風水形成的畜形。

儸：分金定穴的精要內容，此術古稱「觀盤辨局之術」，不需要羅盤
和金針的配合，便可精準無誤地確認風水中的「龍、砂、穴、水、
向」。是尋找古墓方位最重要的環節。

鎮：風水一道，其中最忌「煞」形，鎮字卷主要記載着如何鎮煞、避
煞，不過鎮字篇中，講的最多的反而是「避」，而非「鎮」，也
不失為明哲保身之道。

遁：古墓中的機關佈局，殉葬溝的位置，可以通過地面封土、明樓之
類的結構，推算出古墓地宮的輪廓方位等細節，主要的當然是講
解機關埋伏，有很深的易理蘊藏在裡面，如不精通五行生剋的變
化，也難以窺得其中門徑。

物：古有天氣地運、天運地氣之説，地運有推移，而天氣從之；天運
有旋轉，地氣而應之，自然環境的變化，導致風水形勢的改變，
在山川之中的一切靈性之物，會由於風水善惡的巨大轉變，而產
生異變，如果清濁陰陽混淆將產生一些非常可怕的事物，不合常

理者，謂之妖，物字篇是描述因為風水而產生的妖異現象。

化：　化者乃變化之化，地師們眼中最艱難的改風水，小者改門戶，大者變格局。古風水一道中，不主張人為「改動」風水形勢。宇宙有大關合，山川有真性情，其氣其運，安可妄動？「化」字卷是被摸金校尉視為禁忌的一卷，但面對一些是透過改變格局營造風水寶地的古墓，「化」字卷便是它的剋星。

注：　一歪二斜，化煞為恩，小者改門戶，大者變格局的竅門，就從此口傳心授陰陽法的「化」字而來。

陽：　此陰陽非陰陽術之陰陽，單純從風水角度來說的陰陽，實際上就是「形勢」，看得到的為陽，看不到的為陰，在風水一道中，什麼是看得到的？一座山、一條河呈現出的地形，便是看得到的，陽字卷是講「形」的一卷。

陰：　看得到的為陽，世人不見之形為陰，何為不見之形？一座山、一條河的地形，所蘊涵着的氣與運，以及這種氣與運呈現出的勢態，這都是直接用肉眼看不到的精神氣質，陰字卷是講「勢」的一卷。

空：　大象無形，大音稀聲，風水祕術的最高境界，沒有任何一個字的一篇，循序漸進研習到最後，大道已證，自然能領悟「空」之卷「造化之內、天人合一」的究極奧妙所在。

　　　孤陰不成，寡陽不生；風水之道，陰陽而已。

注 1：風水有形勢與理氣二大派別，形勢注重的是「**巒頭與方位**」的結合；理氣則注重「**九宮、八卦、河圖、洛書，以及五行陰陽生剋制化**」之理。現代的風水則綜合了形勢與理氣二家的理論與實踐，風水之道講求時間與空間的配合，因此非明「**易理、命理**」者能通也！但我們比較耳熟能詳的則有「**三元、三合、玄空**」……等派門。

注 2：另有一派「**過路陰陽**」又名走馬陰陽。走馬陰陽表示，路過之時，走馬觀花就能鐵口直斷，說明此派學術準確，斷事極為應驗而精確。此派流傳有一「**陰陽風水祕術**」內有風水術和陰陽術兩部，只是因此書奪天地之祕，易損學藝不精的陰陽師，而毀去陰陽術那半本，但陰陽術卻在仿間，以口傳心授默默的在流傳著。

口傳心授陰陽祕法

孤陰不成，寡陽不生，風水之道，陰陽而已，陰陽對應，吉凶立判。

此口傳心授陰陽祕法，是在 50 年前偶遇天師，告知只能助益有緣，若有機緣，則以文字菩提公諸於世。一路走來，都是隨順因緣，也都把個案當作印證的經驗累積，只此而已！

真正實用的風水技術，其實並不難；只要掌握某些核心知識點，就能掌握風水的整個技術體系，輔以一定的個案實練，在短時間內，就能擁有一定的水平。實用的風水技術真的很簡單，只是被複雜化而已。

本口傳心授陰陽祕法，乃陰陽宅主體與外在環境的吉凶應對之法。判

定吉凶法的邏輯很簡單：以坐為體，以向為用。向之正陰陽為收「**正能量**」，向之反陰陽為放「**負能量**」，收放得宜，不發都難。

例：如下丑山未向 (吉凶先定再說，就這麼簡單，餘仿此類推)：

注1：與「**未**」向之陰陽一樣：「**未**」為陰，丁未、巽巳丙、庚酉辛亦為陰，故需正能量來，則為吉應；若有負能量來，則為凶應。

注2：與「**未**」向之陰陽相反：「**未**」為陰，午、坤申為陽，若有負能量來，則為吉應，此乃化煞為恩之勢；若有正能量來，則為凶應。

注3：正能量「**路或來水**」屬之，負能量「**水去者或煞氣**」……等屬之。

72脈60甲子吉凶論斷歌訣圖解

壬山「72脈60甲子吉凶論斷訣」丙向

壬山丙向

坎卦：壬子癸三山

一白水入中宮

離宅坐坎宮・延年武曲宅

癸亥「水」：癸亥氣入是福龍。出仕官運得亨通。人丁昌熾多美境。
申子辰年有感應。遇見辰方水重疊。棺槨之內不潔淨。

乘正壬脈：　中空無字者，犯大空亡，一成一敗。

甲子「金」：甲子氣入有差錯。沖棺黃腫與瘋癲。女啞男癆並癱癇。
如若丙上水來沖。棺中泥沙堆漿水。應在巳酉丑歲中。

子山「72脈60甲子吉凶論斷訣」午向

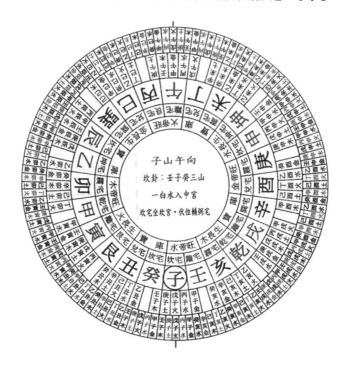

丙子「水」：丙子龍來大吉昌。添人進財置田庄。富貴雙全定有應。
　　　　　謀為諫事皆吉祥。若問何時始應驗。金水定局時運來。

戊子「火」：戊子原來是火坑。風流浪子敗倫常。不唯木根穿棺過。
　　　　　槨內白蟻從此生。巽水棺內三分水。火水之局有感應。

庚子「土」：庚子亦名是吉龍。富貴雙全福自隆。人財六畜皆旺盛。
　　　　　丑未戌辰定年豐。

癸山「72脈 60甲子吉凶論斷訣」丁向

癸山丁向

坎卦：壬子癸三山

一白水入中宮

坎宅坐坎宮‧伏位輔弼宅

壬子「木」：壬子出人遭賊侵。損妻剋子事多凶。亥卯未年時運應。
庚辛來水灌棺墳。

乘正癸脈：　中空無字者，犯空亡，先發後衰，離鄉橫死。

乙丑「金」：乙丑龍必旺人丁。食足衣豐富貴亨。倘見午丁水來朝。
　　　　　　棺內泥土五寸深。巳酉丑年時相應。諸般謀為有深論。

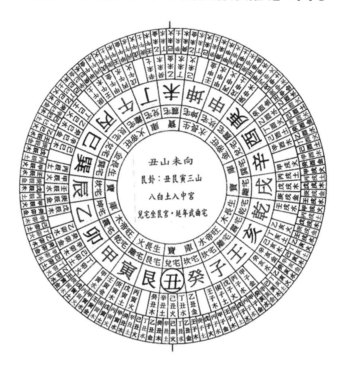

丁丑「水」：丁丑亦列為吉龍。出人聰明又玲瓏。富貴榮華悠長久。
　　　　　諸事順遂樂融融。未方棺內如水塘。應在申子辰年中。

己丑「火」：己丑龍來是黑風。女妖男癆百事凶。瘋疾之症最可怕。
　　　　　火局之年敗絕應。

辛丑「土」：辛丑原來是吉龍。三十富貴大興隆。人財六畜諸事吉。
　　　　　慈恭孝友邁凡庸。

艮山「72 脈 60 甲子吉凶論斷訣」坤向

艮山坤向
艮卦：丑艮寅三山
八白土入中宮
艮宅坐艮宮・伏位輔弼宅

癸丑「木」： 癸丑龍入犯孤虛。葬後官災定無疑。諸事謀為不稱意。
眾房亦皆事不遂。乾水樹根穿棺過。木局之年有妨礙。

乘正艮脈： 中空無字者，犯空亡，一代起倒，富貴不久。

丙寅「火」： 丙寅氣入穴平常。縱橫發福不久長。寅午戌局是年中。
諸事謀為皆吉祥。

217

寅山「72脈60甲子吉凶論斷訣」申向

寅山申向

艮卦：丑艮寅三山

八白土入中宮

離宅坐艮宮‧禍害祿存宅

戊寅「土」：戊寅原來是富龍。富貴榮華世代隆。丑未戌辰登科應。
妻賢子孝樂融融。

庚寅「木」：庚寅氣入是孤虛。火坑黑風空亡宮。葬後瘋疾三六九。
人倫敗絕最堪憐。若見申方來朝水。棺內泥沙滿滿堆。

壬寅「金」：壬寅是吉龍。富貴人財豐。田產多廣置。巳酉丑年逢。
倘逢午方水。棺在泥水中。

甲山「72 脈 60 甲子吉凶論斷訣」庚向

甲寅「水」：甲寅原本是凶龍。一世興發後代衰。世代兒孫多眼病。
坤水棺中聚白蟻。

乘正甲脈：　中空無字者，犯空亡，一代無嗣，長中先敗。

丁卯「火」：丁卯氣入龍平常。酒氣飄流懶情揚。寅午戌年逢相應。
亥方朝水多泥漿。

卯山「72脈60甲子吉凶論斷訣」酉向

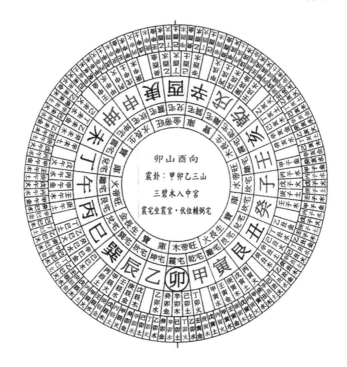

卯山酉向
震卦：甲卯乙三山
三碧木入中宮
震宅坐震宮・伏位輔弼宅

己卯「**土**」：己卯氣正是吉龍。人財兩發衣食豐。巽水老鼠穿棺中。
　　　　　丑未戌辰應不爽。

辛卯「**木**」：辛卯原來是絕龍。火坑敗絕出盜翁。三房先絕後及眾。
　　　　　官災疊見事多凶。若逢申方水朝來。棺槨儲水一尺深。

癸卯「**金**」：癸卯原來是吉龍。富貴雙全出人聰。田庄廣進多美境。
　　　　　人安物阜百事通。巳水木根穿棺中。巳酉丑年有感應。

乙山「72脈60甲子吉凶論斷訣」辛向

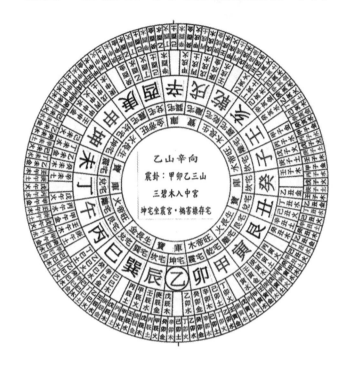

乙卯「水」：乙卯之龍非吉兆。孤寡敗絕多壽夭。後代腰跎並曲腳。
　　　　　縱然有人亦難保。又見戌方水來朝。棺槨好如養魚塘。

乘正乙脈：　中空無字者，犯空亡，一代雖興，二代即敗。

戊辰「木」：戊辰氣入必然好。富貴壽長把名標。申酉水朝有蟻蟲。
　　　　　亥卯未年應是方。

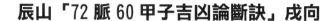

辰山「72脈60甲子吉凶論斷訣」戌向

庚辰「金」：庚辰原來是吉龍。出人發福永不窮。七代富貴美名標。
子孫俊秀冠超群。巳酉丑年幸相見。丁水之方有火災。

壬辰「水」：壬辰之氣是絕龍。火坑敗絕最足痛。舌宜官災少亡慘。
離鄉和尚永別蹤。若見戌方朝來水。棺井泥水兼蟲蟻。

甲辰「火」：甲辰氣入是吉龍。七十五年富貴豐。若見子方有水來。
棺內泥沙儲水深。

巽山「72 脈 60 甲子吉凶論斷訣」乾向

巽山乾向
巽卦：辰巽巳三山
四綠木入中宮
巽宅坐巽宮・依位轉陽宅

丙辰「土」：丙辰氣入暫發福。衣食平平一生過。招贅過房事庸碌。
　　　　　後代兒孫人敗絕。若見寅申水來朝。木根穿棺人不安。

乘正巽脈：　中空無字者，犯空亡，屈伸不常，富貴不久。

己巳「木」：己巳氣乃半吉龍。富貴發福亦均平。亥卯未年來逢應。
　　　　　若見乾上來朝水。屍骨入泥坑更深。

辛巳「金」：辛巳也算是吉龍。富貴榮華定光宗。巳酉丑年應不爽。
丁水火災有蟻蟲。

癸巳「水」：癸巳原來是絕龍。火坑敗絕百事凶。葬後五年並七載。
老丁六畜敗若風。若見丑方水朝來。老鼠穿棺作窠攻。

乙巳「火」：乙巳正氣是吉龍。榮華富貴福最隆。寅午戌年應有驗。
癸水來沖泥封棺。

丙山「72 脈 60 甲子吉凶論斷訣」壬向

丙午丁三山
九紫火入中宮
艮宅生離宮・禍害祿存宅

丁巳「土」：丁巳原本是凶龍。三年七載口舌訟。若見卯方水朝來。
棺木泥中有蟻蟲。

乘正丙脈：　中空無字者，犯空亡，初有些福，久必絕滅。

庚午「土」：庚午氣入亦有益。人興財旺有其日。世代興業多吉慶。
申子辰寅午戌年。若見甲寅之方水。泥水封棺損人丁。

午山「72脈60甲子吉凶論斷訣」子向

壬午「木」：壬午氣入是福龍。富貴雙全出英雄。三五七代人丁旺。
　　　　　景星慶雲受誥封。忌見甲方朝來水。只怕井內泥漿攻。

甲午「金」：甲午氣入是火坑。財散人亡最堪慘。此墳若還不改移。
　　　　　房屋必定少後裔。又見午丁水棺爛。巳酉丑年見火災。

丙午「水」：丙午正氣是吉龍。家業平安發人聰。謀事穩妥諸般吉。
　　　　　申子辰年有驗應。若見丑艮方朝水。棺井泥水又蟻蟲。

丁山「72脈60甲子吉凶論斷訣」癸向

戊午「火」：戊午是吉龍。房屋發人丁。代代多豪富。歲歲吉事臨。
　　　　　　若見子癸水。棺內有白蟻。寅午戌年應。

乘正丁脈：　中空無字者，犯空亡，異居發貴，後必絕敗。

辛未「土」：辛未氣入亦吉龍。出人俊秀性不魯。戶發財富如雷響。
　　　　　　黃白栗陳貫朽庫。

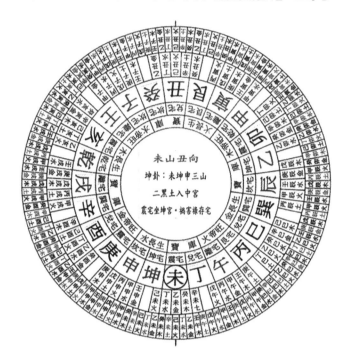

癸未「木」：癸未亦屬於吉龍。出人富貴壽不窮。亥卯未年定驗應。
　　　　　若見庚上朝來水。陰魂不安陽人凶。

乙未「金」：乙未氣入犯孤虛。火坑敗絕最堪啼。絕龍又見巳水來。
　　　　　屍骨未寒已成泥。巳酉丑年來應驗。

丁未「水」：丁未氣入是吉龍。雙全富貴長久逢。申子辰年應不爽。
　　　　　寅午戌年足財豐。倘見丑艮方來水。屍骨埋在泥水中。

坤山「72脈60甲子吉凶論斷訣」艮向

己未「火」：己未龍來太不宜。災禍退敗必不移。寅午戌年出瘋迷。
　　　　　為事遭官財敗權。若見亥壬方來水。兒孫橫事骨生蟻。

乘正坤脈：　中空無字者，犯空亡，二姓同居，亦吉亦凶。

壬申「金」：壬申龍來是福基。葬後兒孫著緋衣。若見午方朝來水。
　　　　　陰陽逼迫必受災。

申山「72 脈 60 甲子吉凶論斷訣」寅向

甲申「水」：甲申氣入是吉龍。子孫聰明富貴豐。申子辰年必有兆。
　　　　　世代榮華樂無窮。若見艮方來流水。骨骸堆亂定不淨。

丙申「火」：丙申氣入是黑風。火坑敗絕家業窮。若見子癸方來水。
　　　　　屍骨入棺泥水中。

戊申「土」：戊申氣入是福龍。出人聰明壽長久。雙全富貴發不休。
　　　　　若見甲方朝來水。屍骨已在泥水中。

庚山「72脈60甲子吉凶論斷訣」甲向

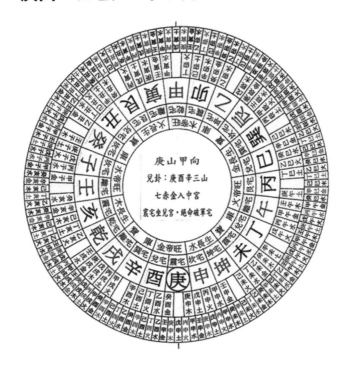

庚申「木」：庚申氣入犯孤虛。孀寡之事更出奇。又見乾方長流水。
陰魂逼迫定受災。

乘正庚脈：　中空無字者，犯空亡，退職遭刑，飄蕩乞食。

癸酉「金」：癸酉龍來富貴揚。人財兩發福壽長。若見丁方水來朝。
棺井之內若小塘。

乙酉「水」：乙酉龍入福無比。出人富貴最聰慧。若見辰方水來朝。
棺井如同泥水坑。

丁酉「火」：丁酉氣入是火坑。百事不遂絕人丁。若見癸方長流水。
樹根泥水積滿坑。

己酉「土」：己酉是福龍。文武出三公。丑未戌辰應。世代富貴豐。
若見卯方水。白蟻必入侵。

辛山「72脈60甲子吉凶論斷訣」乙向

辛酉「木」：辛酉氣入龍平常。富貴榮華不久長。亥卯未年如是應。
　　　　　乾水沖來似堪憂。

乘正辛脈：　中空無字者，犯空亡，一二代發，三代伶仃。

甲戌「火」：甲戌氣入是惡龍。一代富貴發不久。後出兒孫僧廟道。
　　　　　寅午戌年有感應。孤寡又敗絕。諸事多見憂。

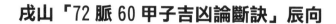

戌山「72脈60甲子吉凶論斷訣」辰向

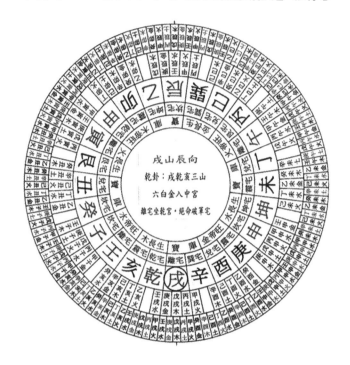

戌山辰向
乾卦：戌乾亥三山
六白金入中宮
離宅坐乾宮‧絕命破軍宅

丙戌「土」：丙戌氣入是福龍。人丁發達樂長春。登科及第榮登早。
　　　　　丑未戌辰定有應。若見甲卯之方水。木根穿棺多有憂。

戊戌「木」：戊戌龍入犯孤虛。火坑敗絕人多疾。和尚少亡孤寡慘。
　　　　　損妻剋子定無疑。午未年中見。方知受災奇。

庚戌「金」：庚戌氣入亦吉龍。富貴榮華衣食豐。巳酉丑年多見喜。
　　　　　三十六年初人聰。若見午丁之方水。棺井屍骨入泥中。

乾山「72脈60甲子吉凶論斷訣」巽向

乾山巽向
乾卦：戌乾亥三山
六白金入中宮
乾宅坐乾宮·伏位輔弼宅

壬戌「水」：壬戌氣入非吉龍。出人無才損少年。離鄉出家僧與道。
　　　　　損妻剋子二房佔。申子辰年有感應。

乘正乾脈：　中空無字者，犯空亡，利既不遂，名亦不成。

乙亥「火」：乙亥氣入是凶龍。出人孀寡少年孤。瘋疾啞聾實足慘。
　　　　　寅午戌年疊見哭。倘見坤宮朝來水。棺槨泥做白蟻屋。

亥山「72 脈 60 甲子吉凶論斷訣」巳向

丁亥「土」：丁亥氣入是福龍。富貴大發衣食豐。丑未戌辰多吉慶。
　　　　　只怕巽方之水沖。棺中若有泥水凶。

己亥「木」：己亥氣入是黑風。火坑敗絕人無蹤。申子辰年寅午戌。
　　　　　人走他鄉多奇遇。若見庚酉之方水。木根穿棺禍害凶。

辛亥「金」：辛亥氣入是吉龍。人財兩發福悠隆。若見午丁之方水。
　　　　　棺板不全有災凶。

金鎖玉關論砂《砂：主人丁》斷語

坎卦：壬子癸

壬砂：壬砂發武貴，秀峰高大位，出入佳備有，大名振海內，再得丙水照，兒孫以文會。

子砂：子砂定發富，家有金錢庫，形若兼破軍，興家是寡婦，遠近午水照，醜名亦不顧。

癸砂：癸砂女當家，發在上元花，不問男和漢，懼內定數他，遠近丁水秀，丁財足可誇，形若葫蘆樣，矮郎要怕她。

坎卦砂兼有，形要梭子樣，不問陰陽宅，曲抱在其中，立問宜留意，不要逼壓宮，隔溪並隔水，見之不為凶，形如中然斷，名為寒透風，丁損財亦耗，定主不豐隆，若無離水照，孤苦不貧窮。

艮卦：丑艮寅

丑砂：丑砂為賊盜，名被他人告，形若拖刀樣，屠夫手快妙，少男人丁絕，家財人爭鬧。

艮砂：艮砂沒兒郎，胎元受其傷，小口難撫養，尤主家不祥，形若七椏叉，先絕是小房，坤水對面照，腹病婦女亡。

寅砂：寅砂出僧道，或出醫師妙，形如三角樣，犬狼偏遇到，六指或產出，學道有心竅。

艮位砂完全，凶現在三元，行為都不正，是非多纏綿，窮郎與乞丐，到處惹人嫌，未坤水對照，夫妻不團圓。

震卦：甲卯乙

甲砂：一馬不斷甲龍宮，上中時勢大吉風，若得庚酉波浪起，管教順
　　　利運不窮，苦在湖中連天湧，定是交鵝影雁中。

卯砂：卯砂能致富，血財發無涯，長子風四海，性好採野花，形若幾
　　　案拱，威名振三通，形如雞爪樣，軍賊產其家，若照單酉水，多
　　　生女娃娃。

乙砂：乙砂發文章，幾個讀書郎，形如朝笏起，為官名振揚，形如笏
　　　筆樣，翰墨字亦香，若遇辛水照，尤主內賢良。

　　　震方全體砂，文武共興家，若配乾兌水，上中一鮮花，形要貪狼樣，
人秀分外嘉。

巽卦：辰巽巳

辰砂：辰砂雖發富，匪人其家住，財源不正來，名臭也不顧，六親均
　　　無助，相逢似行路，形若破碎斜，怕遭非命故。

巽砂：巽砂女主家，村鄰讚許她，形如貪狼樣，男女大名鼎，若苦得
　　　乾水照，定發上元花。

巳砂：巳砂文書發，中子稱美豪，形如赤蛇繞，官清似爾曹，形若葫
　　　蘆樣，有子有方丈，形若尖峰起，財高名聲大。

　　　巽位砂完全，正助上中元，為人吉幸福，此處卜中眠，若得乾午水，
父子名聲賢，為官官也正，不貪人民錢。

離卦：丙午丁

丙砂：丙砂太不強，中子目定盲，形若高尖起，亦主吐血亡，壬水再
　　　對照，先絕是二房。

午砂：午砂出窮郎，亦主非命亡，形若三角起，雙目一起傷，心痛為
　　　小事，野郎伴似娘，子水再相見，吐血面皮黃。

丁砂：丁砂病不祥，藥爐不離房，形若一條槍，尤怕非命傷，形苦探
　　　扒樣，軍賊槍下亡，癸水登清蓄，定有寡婦娘。

　　離位全體砂，上元是敗家，絕二又絕長，四九配交叉，五官形不正，
難比施公斜，壬子癸水照，斷定是絕家，無論陰陽宅，切忌犯離砂，離灶與
離路，都宜改換它。

坤卦：未坤申

未砂：未砂能發財，行為不正來，軍賦與土匪，名臭通六街，形若名
　　　夕秀，丑水照當懷，也可置田莊，農家樂和偕。

坤砂：坤砂疊疊起，真是上元花，婦女持家政，把酒喝桑麻，女兒個
　　　個俊，發福慶萬年，若得艮水照，血財發無涯，不許形破軍，七
　　　權與飛斜。

申砂：申砂女兒美，圓面與長腿，形若尖秀起，勤能通義理，若與寅
　　　水照，丹青畫優美。

　　坤卦砂完全，金城一照眠，上中丁財盛，家富積銀錢，如得艮水照，
福壽又雙全，局大官清正，內助有名賢。

兌卦：庚酉辛

庚砂：庚砂惹禍端，殺到主見官，甲水對官照，長子絕嗣完，形若飛刀下，是非鬧不發。

酉砂：酉砂直硬來，醜名懷私胎，啞兒因此出，毒入口難開，長子多斬嗣，絕朝有愁懷，卯水再對照，定是要破財。

辛砂：辛砂主肺癆，醫藥病難調，形若尖刀下，肝病焉難逃，再遇乙水照，小口似風搖。

兌卦砂滿現，子宮難名見，長舌婦女有，男女把天怨，官非時不斷，心田不良善，再照辰巽水，奸猾百詐變。

乾卦：戌乾亥

戌砂：戌砂號火星，定主回祿驚，形若兼破碎，亦怕鼓盆吟，形如反門背，為資不投軍，若遇辰水照，逆水亂胡行。

乾砂：乾砂老父傷，小子淚汪汪，形若破軍樣，亦主非命亡，形若單腸路，人巽私去娘，巽水勺井樣，公媳共一床。

亥砂：亥砂天皇皇，家生夜啼郎，形若十丈起，發富不久長，巳水方形照，僧人入香房，夫君配禿子，醜名不可揚。

乾方一體砂，上中時敗家，老父心無主，行事亂如麻，再遇辰巽水，杏仁野挑花，子媳長少絕，定是砂飛斜。

金鎖玉關論水《水：主財》斷語

坎卦：壬子癸

壬水：坎位壬水沒兒郎，先絕是二房，形如一箭去，小口命難長，形
　　　如葫蘆樣，亦主腰院傷，四季澄清蓄，尤主淋卵裹。

子水：子水一條溝，流去不回頭，無子身逃外，凶死一筆勾，形如裹
　　　索袋，婦女把命休。

癸水：癸水婦不育，常為夫羞辱，亦主黃鵠怨，孤燈獨伴宿，形若不
　　　齊正，猶被婆姑逐，形若一條槍，毒死夫常哭。

　　　坎卦是汪洋，流若通兩旁，流乾老父乖，流艮俊兒郎，聰明怕自誤，
身體算不強，流若通巽位，絕嗣長二房，形如七椏叉，財產不綿長。

艮卦：丑艮寅

丑水：丑水好，發田莊，行為不正做事強，形寬大，臭錢裹，有事與
　　　匪好商量。

艮水：艮水高，兒郎多，身騎竹馬弟與哥，文書事，美錦羅，男男女
　　　女都吟娥。

寅水：單寅水，心巧玲，醫藥中醫數大名，絲與竹，綢善平，泉後隱
　　　居樂辛勤。

　　　艮位水汪汪，上中胎元強，田園家快樂，少男名字香，長子能致富，
中子為仕郎，小媳無新為，挾室上高堂，通午與流兌，發福均至強，　流坎
並流巽，一點不為良。

震卦：甲卯乙

甲水：甲水主貧窮，長房不興隆，形若斜飛去，定主長絕蹤，黃腫大等脹，都應長房宮。

卯水：卯水屬同人，先富小財神，家物他人有，伯道在本身，形如方深聚，近時對城門，暫可不言凶，終究假與真。

乙水：乙水曲曲鉤，叔嫂暗相偷，形如破軍樣，肝瘋病不休，臨卦主運亂，財富不到頭。

　　震卦溝塘破，其家定遭殃，流神通巽地，宮飛巳次過，艮水若交會，兄弟時目怒。

巽卦：辰巽巳

辰水：辰水盜賊來，抄家並搶財，形若一條槍，命因惡死埋，形如塘三角，軍賊命之該，形為都不正，搶劫開心懷。

巽水：巽水女淫亂，性偏愛老郎，形如鴨公腳，公媳共一床，形若飛斜去，私奔到異鄉，口舌因此起，興訟到公堂。

巳水：巳水配禿郎，僧人入香房，夫若頭無髮，假夫假久長，形若七八椏，秦樓楚館娘。

　　巽卦滿水汪，出人為匪狂，喝與嫖跟賭，貪戀將家亡，水若流入坎，必定搶余娘，水如流坤地，個個傷妻房，流神通到乾，小女必為娼，最怕聚震位，兒朗往西方

離卦：丙午丁

丙水：丙水汪，上中良，無論寬大發兒郎，太微水，壽星光，摧官摧財水中央。

午水：午水來，光不開，桃花滾滾惹愁懷，形不正，心耗財，嫖賭逍遙大快哉。

丁水：丁水流有良田，局大正齊唔牛眠，人文盛筆墨全，少為辛勤福壽綿。

　　離卦水全通，三陽慶大功，流若乾方去，八代詩書墳，若是流兌出，江湖花柳中，若能流艮出，也主田宅崩。

坤卦：未坤申

未水：未水出盜賊，事犯產沒收，形若斜飛去，戰場尋屍骨。

坤水：坤水傷妻房，賢婦不久長，形若破軍樣，定主脹病亡。

申水：申水傷小女，亦主客路亡，形如團圓聚，定主是飛娘。

　　坤卦水當先，巫婆小姑仙，流神通丙午，兒郎死父前，水龍入兌位，陰邪一處眠，形如三叉口，飛刃婦身邊。

兌卦：庚酉辛

庚水：單庚水，武爵封，庚子庚孫在其中，形勢大，對奇峰，師團旅
　　　長威名雄。

酉水：酉水來，一線收，江湖花柳快風流，形寬大，女多愁，愁得夫
　　　妻不到頭。

辛水：辛水秀，文人誇，澄清形正美女娃，方與寬，莫嫌他，得元興
　　　隆富貴家。

兌水源源來，必定發橫財，流神通丙午，揮金土內埋，龍神趨乾位，
父子上講台，無論陰陽宅，得之皆和樂。

乾卦：戌乾亥

戌水：單戌水，土豪家，暗通匪類性如麻，形破軍，囚官衙，妻子假
　　　壞不救他。

乾水：乾水長，最為良，老父興家壽而康，屬寬大，必官郎，少子回
　　　家近道旁。形曲曲，巳現光，讀書就有聲名揚。

亥水：亥水塘，方團汪，天生小兒夜啼郎，天皇皇，地皇皇，不犯亥
　　　水壽命長。

乾卦全是水，不嫌短與長，在天如奎照，在地為文昌，無論陰陽宅，
遇之發其祥，形若不斜飛，為官聲名香。

陽宅的五鬼運財局

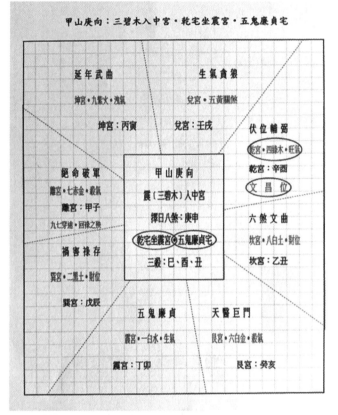

甲山庚向：三碧木入中宮·乾宅坐震宮·五鬼廉貞宅

延年武曲 坤宮·九紫火·洩氣 坤宮：丙寅	生氣貪狼 兌宮·五黃關煞 兌宮：壬戌	伏位輔弼 乾宮·四綠木·旺氣 乾宮：辛酉 文昌位
絕命破軍 離宮·七赤金·殺氣 離宮：甲子 九七穿途·回祿之災 禍害祿存 巽宮·二黑土·財位 巽宮：戊辰	甲山庚向 震（三碧木）入中宮 擇日八煞：庚申 乾宅坐震宮 五鬼廉貞宅 三殺：巳·酉·丑	六煞文曲 坎宮·八白土·財位 坎宮：乙丑
五鬼廉貞 震宮·一白水·生氣 震宮：丁卯	天醫巨門 艮宮·六白金·殺氣 艮宮：癸亥	

俚語：坐東向西，賺錢沒人知。

甲山庚向：乾宅坐震宮，五鬼廉貞宅。右前方的虎邊乾位，飛四綠木為文昌
位，又是旺氣方；此處若開門、做灶、安香火神位、書房，或營
業場所的收銀櫃台……等就會形成了一種難得的五鬼運財局。

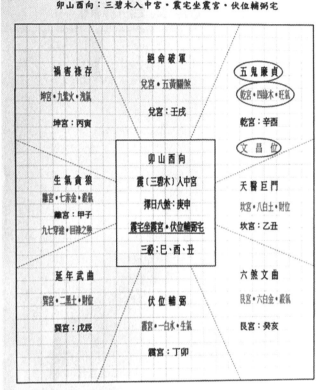

卯山酉向：三碧木入中宮‧震宅坐震宮‧伏位輔弼宅

	絕命破軍	
禍害祿存	兌宮‧五黃關煞	五鬼廉貞
坤宮‧九紫火‧洩氣		乾宮‧四綠木‧旺氣
	兌宮：壬戌	
坤宮：丙寅		乾宮：辛酉
		文昌位
生氣貪狼	卯山酉向	天醫巨門
離宮‧七赤金‧殺氣	震（三碧木）入中宮	坎宮‧八白土‧財位
離宮：甲子	擇日八煞：庚申	
九七穿途‧回祿之災	震宅坐震宮‧伏位輔弼宅	坎宮：乙丑
	三殺：巳、酉、丑	
延年武曲		六煞文曲
巽宮‧二黑土‧財位	伏位輔弼	艮宮‧六白金‧殺氣
	震宮‧一白水‧生氣	
巽宮：戊辰		艮宮：癸亥
	震宮：丁卯	

俚語：坐東向西，賺錢沒人知。

卯山酉向：震宅坐震宮，伏位輔弼宅。右前方的虎邊乾位，飛四綠木為文昌位又是旺氣方，為五鬼廉貞位；此處若開門、做灶、安香火神位、書房，或營業場所的收銀櫃台……等就會形成了一種難得的五鬼運財局。

俚語：坐東向西，賺錢沒人知。

俚語都是有原因的，坐東向西，甲山庚向為五鬼廉貞宅，卯山酉向為伏位輔弼宅，右前方乾宮則為五鬼廉貞位。若能善用右前方的乾宮旺氣方又是文昌位，就會形成了一種難得的五鬼運財局。當您找到這個源頭，懂得如何佈局，就應驗俚語所言的賺錢沒人知了。

簡易實用風水重點總提示

1、宅體磁場是否合乎宇宙法則？請參閱 72 脈 120 分金圖解。測量以出入口的大門與香火神位為主，差之毫釐，謬以千里。

2、安內攘外～陽宅內格局「大門、祖先神位、廚灶、浴廁」……等位置是否各居其所，請參閱紫白飛星與八宅吉凶圖解。

3、外格局的「恩、煞」如何界定？如何化煞為恩？如何藉煞登將台？
　請參閱 24 山陰陽法。

　　注：風水陰陽祕法，有一「一歪二斜」非常簡易的祕法，當他人發生凶禍災難的時候，若與風水有關，一歪二斜，又稱雪中送炭祕法，就能發揮不可思議的能量，幫其扭轉乾坤，絕處逢生。

若能知法永不滅，則得辯才無礙法，則能開演無邊法

風水常見的形煞

1、 虎口煞：大門直沖對面樓房之汽機車出入口。
   主：此為蛇傷虎咬之煞，血光災咎；可用陰陽合和化煞為恩之法破解。

2、 天塹煞：屋向或大門直沖對面兩棟大樓中間之隙縫或防火巷者屬之。
   主：家道衰退、身染暗疾、外來橫禍；可用陰陽合和化煞為恩之法破解。

3、 寒肩煞：又名「紅娘煞」，宅屋中高兩邊低者屬之。
   主：勞碌淫蕩、拐騙偷盜；越高樓層煞氣越重。

4、 拆腰煞：宅體兩邊，各建高於主屋者屬之。
   主：奴欺主，子媳忤逆、相互欺凌。

5、 奈何橋煞：屋前有橋直射者屬之。
   歌訣： 宅屋前方橋正當、必主橫死及夭亡、常有鰥寡疾病纏。
        後代子孫須過房、當面有橋正面沖、宅墓逢之均發凶。

6、 漏底煞：門檻向外低斜，或有出水口者屬之。
   主：兄弟失序、產難凶禍。

7、 沖天煞：宅屋正前方，有尖、高山峰明現、逼壓者屬之。
   主：血光之災、腹部之疾。

8、 牢獄煞：又名「**天牢煞**」，宅體本身低小，四面宅屋高者屬之。

　　歌訣：四山高壓宅居凶，人口少興隆，陰幽室塞號天牢，宅住決蕭條。

　　　　　三陽不照名陰極，妖怪多藏匿。

　　主：疾病纏身、官訟刑獄。

9、 孤陰煞：宅屋建於高峰之上，四面無靠，不能藏風聚氣者屬之。

　　主：恐有風煞之憂，易有風疾、凋零之象。

10、 寡陽煞：宅屋建於山谷之中，四面高峰，無風閉氣者屬之。

　　主：陰煞之氣、惡疾纏身、離鄉孤寡。

11、 吐氣煞：宅屋正對煙囪，形同朱雀吐氣者屬之。

　　主：身染暗疾、有苦難言、哀聲嘆氣。

12、 剪刀煞：宅屋建於三叉路口者屬之。

　　主：易被霸凌、鰥寡痼疾、誅戮刑傷。

13、 當頭棒煞：是指住宅面對燈柱或電線桿所形成的煞氣。

　　主：脾氣爆躁，血光之災，或者視力有損。

14、 壁刀煞：又稱鐮刀煞。對面大樓的壁面，直射大門者屬之。

　　主：影響身體健康，或造成意外的血光之災。

15、 反弓煞：比如反弓水、反弓路或反弓建築者屬之。

　　主：易受血光之災或破財。

16、 反光煞：凡因陽光、水面、玻璃的反射而被照射者屬之。

主：易造成思緒混亂。

17、 八字煞：左右來水，向外八字直洩而去者屬之；有些五叉路口的房子，雖不是左右來水向外八字直洩而去，但其局勢亦以此同。

歌訣：門前兩水八字開，宅中淫亂不用猜。

耗盡財產嫖賭害，兒孫在外不思家。

18、 龍虎煞：左右來水相交於堂前，直洩而去者屬之。

歌訣：龍虎雙水合向中，當中直去必為凶。

縱有家財千萬貫，錦衣公子終為傭。

再曰：兩水相交於堂前，水神直洩不停留，名為牽牛水流星。

縱有祖產富於國，終將敗退至窮極。

註解：此種格局，一般人都視為寶地，實乃凶敗之局；但只要把龍虎雙水合向中的那個點，以陰陽對照之道，化煞為恩，藉煞登將台，就能絕處逢生，而成為一塊寶地。

注：在 20 多年前，在北部某山區，曾看過此種地形，非常漂亮，可惜那個房屋的坐向，與龍虎雙水合向中的那個點沒有搭配，而形成衰敗之局。

鑿石得玉，淘沙見金；眼前目下，奚用勞心

古代論陽宅的內外六事

內六事：門戶、明堂、廳堂、房床、廚灶、碓磨。

外六事：巷路、池井、坑廁、畜欄、壇廟、橋樑。

古代把「**坑廁**」擺在外六事，是因古代住的大多都是三合院、四合院，因此「**坑廁**」則在住家以外與「**畜欄**」同在，所以「**坑廁**」屬於外六事；如今因時代的變遷，古代的「**三合院、四合院**」已經不符合現代人的需求，因此先賢留下來的風水，也要做適度的調整，才符合當下社會環境「方便法門」的需求。

當下大樓林立，居住環境的改變，很多住戶不再是在正前方的關煞方開門了，因此就有了「**屋向、門向**」的區別，各司其職。

屋向：以前陽台為向，後陽台為坐。羅庚盤放在房屋的正中央，以紫白飛星的生殺旺洩死，來決定宅屋內大門、香火神位、廚房、衛浴……等位置是否得其所位。

門向：宅屋本體出入之要道，當今社會宅屋的結構，樓上的房子與屋向，絕大多數都不同。此為對應外在恩煞的吉凶所在，故以陰陽祕法應之，其磁場的關鍵，則以 72 脈 120 分金定奪。

注：若有安香火神位，大門與香火神位則以陰陽祕法，互為對照。

千金大門四兩屋

門有分：外大門、內大門、扇門、房門、後門……等別墅型建築或透
天有庭院之樓房，才會有外大門、內大門的共存；門的大小，
要合乎長幼有序，大小有情，才不失倫常義理。例：扇門、
房門、後門……等不可大於內、外大門，而且門的高度與寬
度，要合乎魯班門公法的尺寸，才能吉祥順遂。

俗云：千金大門四兩屋，就是強調門的重要性；大門是屋內磁場與外在
磁場銜接互動的關鍵所在，宅主一家的吉凶禍福，大門佔了很高
的功過比例。門的磁場則要合乎 72 脈 120 分金的吉凶分界，更
不能踩了八煞黃泉、天罡煞、羊刃煞的紅線。

注：龍喜水，虎需路。故大門沒有開在龍邊才正確的說法。

以紫白飛星論：坎卦「**壬子癸**」三山、震卦「**甲卯乙**」三山、離卦「**丙
午丁**」三山、坤卦「**未坤申**」三山、兌卦「**庚酉辛**」三山，其右前方虎邊都
是生旺之氣，故開門則有生旺之機。

路沖之說：路有可沖不可沖之別，當沖而沖，不發都難；路比宅面小為煞氣，
路太直太長亦為煞氣，路沖宜慎重，不可等閒視之。

逆境來時順境因，人情疏處道情親，放下身心見乾坤

門 戶 篇

門有三不見：1、不見灶。2、不見廁。3、不見鏡。

俗話說：開門見灶，財多虛耗。就是說：如果一開門就見到廚房，就
會導致家中消耗過大，積蓄日少。這是因為廚房是管家人食
祿，代表家中的財庫，大門是納氣之口，氣流就會跟著大門
的開啟而流通。

若是兩者相對，就會導致廚房受到氣流的衝擊，氣場難以保
持穩定，而使得家宅財源不穩，容易出現破財、漏財……等
情況。

俗話說：開門見廁，耗財虛損。廁所是洗滌污穢、排除晦氣所在。如
果一開門就見到廁所，就正面迎向穢氣，容易造成家庭成員
的健康、事業、子女婚姻、財運……等家運敗退之象。

俗話說：開門見鏡，送走財運。大門是屋宅的引氣口，氣場都由此進
出。如果一開門就見到大鏡子，就會導致財運、貴人……等
被反射出去，也容易造成家庭成員的壓力而生口舌，工作事
業難逢貴人提攜。

一覺三德：實相般若、觀照般若、文字般若

香火神位、明堂、廚灶、衛浴等篇

香火神位篇

　　是敬奉祖先與天地諸神佛的所在位置，具有承接大門之氣，而後導入扇門之氣的功能；因此必須在房屋的生旺方或財位方。

　　香火神位與大門一樣，都需要合乎 72 脈 120 分金的吉凶分界，更不能踩了八煞黃泉、天罡煞、羊刃煞的紅線。

　　香火神位的前方：不可正對冰箱、電視、音響……等足以擾亂磁場的電器。香火神位的後方：不可做為廚房、衛浴、樓梯、走道……等用途，恐有口舌官非、傷財敗利、身染惡疾、節節敗退之憂。

　　注：當下的居住、工作環境，與古時候有很大的差異，因此隨著時代的遷移，也要做適度的改變，才能合乎時代的實用潮流。

　　現在都是小家庭制，居住空間都是高樓大廈，要挪出一個空間安奉香火神位，似乎是難上加難，勉強為之，卻造成家宅不寧者，所在多有。

　　數十年來結緣的案例，有很多都是香火神位出了問題，因此建議居住空間有限者，把香火神位做個長治久安的處理，把香火神位撤除或送至靈骨塔安奉，並同步做超荐祖先的科儀。

　　這種處理祖先香火神位的方式，是以個人實驗做起，個人的平順才延伸至有緣者，所有處理過的個案，也都平安順遂。

明堂「廳堂」篇

庭院、陽台都屬於明堂的一部分，前陽台或庭院代表「財庫」，後陽台或後庭院代表「智慧」。因此要保持整潔，不可雜亂無章。

透天別墅：前庭院不可有假山、水池之造景，後庭院則可以；陽宅景觀學為前花園、後水池，陰宅景觀學為前水池、後花園。

有些家庭因空間不足，把後陽台改做廚灶使用，或透天別墅的後院搭建廚房，有如《向外乞食》之象，會造成賺錢特別辛苦的現象。

明堂潤，子孫盡豁達；明堂寬，代代做高官。

註解：明堂見水，子孫多財。明堂寬闊，子孫多貴氣。

解惑：動之以情，曉之以理，循之以法

廚 灶 篇

　　三合院的時代，在廚房逢年過節都有祭拜灶君，以保平安。現代似乎很少看到這種習俗，但灶君依然日日夜夜守護著我們的家庭，只是我們似乎忘了祂的存在。

　　廚房是供給我們飽食活力的所在，因此跟我們的健康息息相關，應是不爭的事實。

　　廚灶的忌諱：

1、忌東西錯卦坐：屋向若是坐東向西，灶位則不能是坐西向東。

2、忌背宅反覆做：廚灶不能設在陽台或屋後另搭建延伸的平房。

3、忌行巷直沖灶：廚灶不能正對門或巷道。

4、忌背後造空曠：廚灶背後不能無靠或門巷。

5、忌灶前水來沖：廚灶正前方不能有冰箱或水龍頭。

6、忌灶沖衛浴門：廚灶不可正對衛浴門或後方是衛浴間。

7：廚房與廁所同宮，家中必有一凶。

點評：此為「水火相激」，主疾病災厄，藥罐不斷。

　　以上為一般常見忌諱，沖犯忌諱恐有藥罐不斷、身染惡疾……等之憂。

　　　　　　若逢拂逆之外緣，警策莫使嗔心生，
　　　　　　若遭刺心之辱罵，持心莫被幻聲使

臥　室　篇

　　臥室內最好不要有電視、音響、電話等電器設備，影響思緒，在風水學上電器為火，帶有一定的輻射所致。

　　睡覺的床上有吊燈：如果吊燈正好在床上面，正好對著自己的腹部的話，那是煞氣比較重的，會增加人心理壓力，影響內分泌，進而引起失眠、噩夢、呼吸系統疾病等一系列健康問題。

　　臥室裡的洗手間門正對床：這種格局是容易引起腰腎不適，這是因為洗手間再好，也改變不了其排污的本質，空氣品質不佳，沐浴後更產生較多濕氣。若洗手間的門正對床，不僅容易使床潮濕，還容易影響臥室的空氣品質，時間久了就導致腰痛，更會增加腎臟的排毒負擔。

　　發生外遇的房中房：房中房指的是臥房中還有一個房間，就很像有一間大老婆房、小老婆房，這種格局容易導致夫妻有外遇的情況產生，若兩個房間中都有擺放床鋪，那情況就會更加嚴重，夫妻的感情會漸漸轉淡。以非命理的角度解釋，當兩間房都擺放床鋪時（貴妃椅亦是），夫妻吵架或其中一方打呼吵到另一方時，其中一人可能就會到隔壁房間睡覺，這樣的情形一多，夫妻的感情當然不好。

　　臥室過大：過大的臥室是不養生的，人若在這樣的房子裡面，是對健康有損的，會讓自己的抵抗力下降的。

衛 浴 篇

衛浴是洗滌、排放之所，故應通風良好，保持整潔。

1、衛浴門不可與大門相沖，恐有口舌官非。

2、衛浴門不可與瓦斯爐相沖，恐婦女暗疾。

3、衛浴不宜在香火神位後方，恐退財敗利。

4、不可與廚房處同一空間，恐影響兒女婚姻。

5、廁所之馬桶方向不可直沖衛浴門，恐惡疾纏身。

欲擬化他人，自須有方便，勿令彼有疑，即是自性見

辦公室風水佈局的禁忌

對上班族來說，每天至少有1/3的時間在辦公室裡，而辦公環境的好壞，可以影響一個人的財運和事業以及一個公司的營運。

好的辦公環境可以讓人身心舒暢，財運滾滾；壞的辦公環境則可能給公司和員工帶來不順，切莫等閒視之。

一、座位忌背門、背窗而坐

門是出入辦公室的必經之處，是辦公室的氣口。如果背門而坐，座後又沒有依靠的話，由於背後長期有人來人往的雜氣衝擊，坐在此位置的人，會長期處在一種潛意識的緊張狀態之中。

在心理上總會懷疑有人在窺視，所以極易導致思緒雜亂和決策失誤，這種情況在風水學中叫做「冷風吹背」。

此外，座後有窗，就如同座位後有門一樣不可用。窗是光和氣的入口，理論忌與座位後靠門是一樣的。

最好是調整座位的位置，使之不背門和背窗，實在無法調整，也可以選擇一張靠背較高的椅子來坐，這樣能使背後有個靠山，也能阻斷雜氣的衝擊。

二、忌座位直沖大門

辦公室風水座位不能直沖大門。因為大門為整個辦公室的氣流和能量出進口，座位正對著大門，會被入門的氣場沖到，輕易影響一個人的潛意識、神經系統，造成脾氣火爆或無故生病的情況。可以在門口立一座屏風或植物，做為化解之道。

三、忌座位正對廁所門

廁所是穢氣聚集之地，而廁所門就是穢氣排出之處，長期在廁所門四周，或正對著廁所門的人，會因吸了過多的穢氣而生病。如不能避免，可以在廁所和座位間加裝一道屏風或大型闊葉植物，多少可以擋掉一點穢氣，而且廁所門也必須隨時關上。

四、忌座後無靠山

從風水學的角度來講，好風水的第一大原則是「山環水抱」，也就是說背後要有靠山！順應此理，座位背後必須要有靠山，才有利於工作者的事業。辦公室裡的所謂「靠山」就是一道牆壁，最好是能在後牆上掛上一幅山水畫，此「山水相依」的格局，能讓你的位置更牢靠。此外，靠牆而坐，牆壁與座位之間最好不要留太多的空間。

五、忌橫樑壓頂

座位上方正好是辦公室的橫樑，或者是一個低矮的吊頂的情況，在風水學上被稱為「**橫樑壓頂**」。橫樑壓頂會讓人產生心理壓抑感，而且因橫樑阻礙而帶來的不良氣場，會令人在工作中產生無形的壓力，很有可能會因此經常犯錯而受到上司的責難，會對財運、升遷不利。

六、忌被鏡子照射

鏡子在風水學裡稱為「**光煞**」，是用來避煞和擋煞的工具。但如果鏡子每天都照射著你，久而久之就會經常有頭暈眼花、決策失誤、睡眠不好等毛病叢生。所以，盡量別讓鏡子每天照著你。如果實在沒辦法，可以在對著鏡子的地方養一些綠色植物，減少鏡子的反射光。

注：辦公桌前面應避免空間狹小，不堆放太多雜物。一個視野開闊、明亮的辦公室，預示著您的事業發展和未來的預期良好。

丹田有寶休尋道，對境無心莫問禪

買房購屋的禁忌

禁忌一：大門通到底

點評：大門是進財、納財的氣口，如果進入門後就看到一通到底的走
廊或通道，煞氣髒邪之氣等會直接入到室內，不僅負能量蔓延，
而且財氣也留不住，形成漏財、破財的風水局。

禁忌二：大門正對樓梯 / 電梯

點評：大門正對向下的樓梯，會使得家中財水外流；大門正對向上的樓
梯，則有可能掙錢很辛苦。電梯上下或開關都會帶動周遭氣場不
穩定，會使財運忽高忽低、起伏不定。

禁忌三：屋大人稀：大房子會讓人的氣場過度損耗

點評：道理很簡單：5 坪的空間，裝上一馬力的空調，很快就能達到空
調的效果，若是裝在 30 坪的空間，就會顯得無能為力；同理：
屋大人稀，房子越大，就會消耗人體越多的能量。

禁忌四：觀察廁所的位置

點評：廁所不宜處在房屋的正中間，也不宜對著臥室或廚房，容易影
響家中的運勢，對家人的健康和財運都不利。所以這點一定要注
意，遇到廁所居家中央，直對臥室、廚房，基本就可以淘汰。

禁忌五：大門對後陽台，破敗不聚財

點評：此為穿心堂煞，就是大門正對後門、後窗、陽台成一條直線，房屋入氣口與出氣口彼此相對，氣進氣去，財來財去，所以不聚氣、不聚財。

禁忌六：門前路反弓，希望總落空

點評：此為「反弓煞」，就是指住宅前有反弓形的道路，弓對著住宅，弦對著外面。住宅前有反弓煞，主疾病纏身、財運衰退並易生叛逆子孫、六親緣薄。

禁忌七：房屋無門檻，錢財往外流

點評：此為「無遮攔」，起早又摸黑，錢來錢去，還得向人求。

禁忌八：廟前貧，廟後富，廟左廟右出鰥孤

點評：廟宇是供奉神靈的地方，神靈金身前方的拜桌，除了油燈之外，都會有一些供品。住宅在廟宇的前方，就像家人要向廟宇神靈作供，所以再多錢財也會耗盡。反之，廟後方的住宅，就好像神靈般接受無數供品，所以會富貴。

注：此僅指住家而言，生意場所不在此限。

陽宅風水進門忌諱

忌諱 1：開門見花瓶會影響夫妻感情？

從風水學來說，開門見花瓶相當不好。但這卻偏偏又是很多家居擺設中最容易犯錯誤的地方，以為在開門正對的地方擺一個花瓶，會顯得更高雅脫俗些。事實上，這從家居風水學來說，會影響夫妻感情以及桃花運。比如婚姻中容易有第三者，或者未婚的男或女，感情遲遲沒有著落，有時也和這些有關。

忌諱 2：開門見牆上掛有劍或刀具該怎麼處理？

關於這點，大多數人都知道不好。因為劍和刀具都屬於煞氣頗重的擺設，一般百姓家庭不適合擺設，除非家裡有人從事政法、軍人、警察、消防等工作的人才適合。除此之外，別人開門見到這些擺設都非常不好。容易引起口舌、爭執、糾纏、是非，甚至官非、頭痛等現象，嚴重的還會引起因身體問題動手術等事。

忌諱 3：開門見廁所門是否代表容易生病？

這種情況，在大戶型的家居風水裡經常會遇到，有以下不好的影響：比如工作上好事多磨，多阻滯，而且工作上容易有小人是非。從身體上來說，容易有腸胃或婦科上的毛病。

忌諱 4：開門見冰箱會影響什麼？

生活中，冰箱通常適合放在角落位置上。如果開門見冰箱，說明平時做事、感情、財運都頗費周折，很多事情要加倍努力或付出才會成功。就是要比別人更加地吃力，事情才可解決或圓滿。

忌諱 5：開門見鏡子對誰最不好？

有人喜歡在開門正對的地方掛上一面鏡子，方便出入時照一照著裝。這個擺設也相當不好，容易引起女性頭暈、頭痛、失眠等現象。

生活中，總有一些禁忌被我們忽略。而我們卻經常被這些禁忌影響。因此，如果你平時在家居佈置前，多瞭解一下這方面的知識，或多結合風水學，做適當的調整和擺設，則對你的運氣、健康、財運都會有莫大的幫助。

人生的最高修養是守得住寂寞，欣賞得了淒涼

化 煞 篇

　　常見化煞之物有：八卦鏡、山水鎮、水晶、貔貅……等，種類繁多。

　　以上化煞之物，雖經開光加持，能量磁場只能維持在一年以內，每年必須再加持，才能維持能量磁場的永續發展，少了這個手續，它就會成為一種負能量的反噬。

　　注：這是天師的口傳心授，亦是個人 50 年來的印證所得。

　　修造宅屋、或安香、或開市營商、或入宅……等，常因不懂或等閒視之而犯了年月日時煞，造成生意蕭條、血光病痛……等。個人有幸得到失傳已久的龍符化煞之法，將在後續完整介紹。

　　一歪二斜磁場微調祕法：二手宅屋或自建別墅，縱使在空地時有經過風水老師的精準測量，在完工的時候，磁場一定會有所偏差，此乃建築材料所產生的必然現象，例如鋼構等所帶的磁場，偏差之後仍然是良性磁場的，仍屬多數；偏差之後磁場位移的，也所在多有。造成入住人不安，或災厄連連的，屢見不鮮。

　　以上情況，幾乎都是大門或香火神位磁場的分毫之差，若能善用一歪二斜祕法微調，就能化煞為恩，藉煞登將台了。

畫符不知竅，反惹鬼神笑，畫符若知竅，驚得鬼神叫。

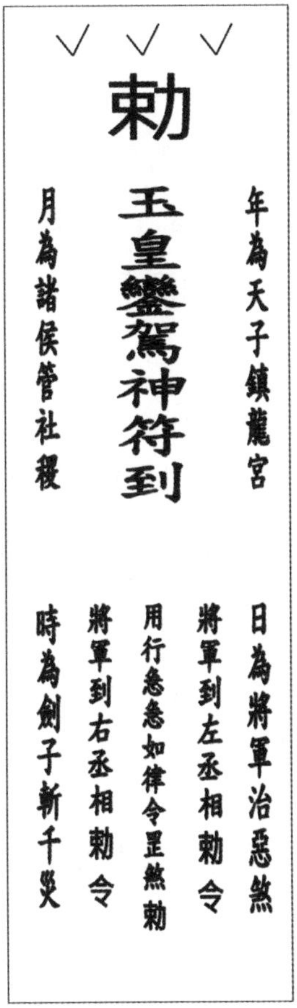

龍符：3.6 公分 x 14.8 公分 (黃底符令用紙)

∨ ∨ ∨

勅

玉皇鑾駕神符到

年為天子鎮龍宮
日為將軍治惡煞
將軍到左丞相勅令
用行急急如律令罡然勅
將軍到右丞相勅令
時為劊子斬千煞

月為諸侯管社稷

筆法口訣：（請唸台語）
此筆不是非凡筆，化為普唵千里
拂人長生，拂鬼消滅
賴筆三聲，奏上天庭，下通地府
敕符斷煞，百煞消滅。

磨墨口訣：（請唸台語）
磨朱紅紅，奏上玉皇，
桃符到處，百煞消滅。

以上為書符之前，筆墨淨化口訣。

如左圖為龍符文字訣的排列組合位置。

還有其他符膽的條紋等。

書寫龍符時應注意事項：

書寫時最上面的三個勾勾：以農曆為主

上旬「初一至初十」由左開始下筆「左中右」的順序為之。

中旬「十一至二十」由中開始下筆「中右左」的順序為之。

下旬「廿一至三十」由右開始下筆「右左中」的順序為之。

書持龍符的一般情況

平常若有急用，欲書符使用，則在午時持咒加持，其能量只有四個月。一般書符可在平時，持咒加持則在端午節的午時為之。其能量則有一年。若在龍年的端午節午時持咒加持，其能量則可高達十二年。

一般庶俗在修造陽宅的某些地方，或入宅或開市，常因等閒視之而隨興為之，運勢較低落者，常會沖犯到年月日時煞，若能事先預防，在其相關地方貼上龍符，則可防止災咎的發生；若已經發生了，則可用龍符做適當的科儀處理，可挽回頹勢，並可防止災咎的再發生。

如若小朋友很容易驚嚇到，在枕頭內放張龍符，假以時日就能有所改善，進而生出免疫能量，無形煞氣將會遠離；成年人若是敏感體質，亦可如法炮製，並隨身攜帶即可；平時隨身攜帶，則可保平安。

出煞：（十字路口小石頭，不能洗，用手搓搓即可）

七粒鹽、七粒米、七葉桃心、七粒小石頭煎水後，龍符一道燒入服用。

喜對喜相沖：桂花心「**七心沖開水**」，龍符一道燒入服用。

人生的一切，只有使用權，沒有所有權

敕龍符密咒（以台語唸誦，比較順暢）

上清真境，靈寶天尊，左台趨安民鎮宅。玉清聖境，元始天尊，中台驅不祥。太清仙境，道德天尊，右台除妖精。昊天大帝敕，靈陰門，浪徹照耀三界。太清上帝敕，靈神歷進，釋縛除妖精。紫微大帝敕，霈法雲釋，日月安護三界神，主三界，釋縛除妖精。雲雷鼓剎，雷法雲蓋天星寒，集諸猛將，釋縛除妖精，急急如律令！

九天玄女，寶婆化身，頭戴珠冠，手接玉印，指山山崩，指石石裂，指人長生，指鬼消滅，順我者生，逆我者亡，吾奉九天玄女真仙到此，急急如律令！

一開天門，二闢地戶，三留人門，四塞鬼路，五穿鬼心，六破鬼肚，七封死坑，八調五海，九治九州，十治十方惡煞，十一收煞，十二痊癒！

斷鬼根，滅鬼祖，知聖人來者，退去千方萬里，不知聖人來者，收入卦中金井，八卦靈靈，統領千兵，六十四卦，報應分明！

天地開通，日月輝光，河圖像圖，洛書體方，先天伏羲，後天文王、周公、孔子、大禹，五代聖賢，聖人到處，百煞斬滅，奉符敕令，惡鬼滅亡！

天清清，地靈靈，一條東方甲乙寅卯木陳貴先，二條南方丙丁巳午火蔡子艮，三條西方庚辛申酉金金子貴，四條北方壬癸亥子水林景宗，五條中央戊己丑未戌辰土姚百歲！

乾三連、坤六斷、震仰盂、艮覆碗、離中虛、坎中滿、兌上缺、巽下斷。乾為天、坤為地、震為雷、艮為山、離為火、坎為水、兌為澤、巽為風。乾元亨利貞、兌澤英雄兵、離火駕火輪、震雷霹靂聲、巽風吹山岩、坎水湧波濤、艮山刈鬼肚、坤地留人門、八卦鎮中宮。恐為天煞、恐為地煞、年煞、月煞、日煞、時煞，三百六十五惡煞，盡退消除！

吾奉太上老君敕，神兵急急如律令！神兵急急如律令！神兵急急如律令！神兵急急如律令！神兵急急如律令！

多學一樣本事，就少說一句求人的話，實力是最強的底氣，人活著是靠汗水贏得掌聲的

後記

　　個人對「命理風水」的學習、研究、印證，已經進入第 50 年，教學也有過十幾個梯次，均以低價位或免費上課，隨緣個案也有上千，分佈在全台各地，發現有很多的同學有很大的興趣，卻礙於工作、家庭等因素，無法花長時間與高學費去深入研究。

　　基於此，個人就想編寫一套「命理、風水」的書籍，能夠類似教學講義的書寫方式，讓人詳細看後就能有七、八成的功力，加上一些竅門的相互研究，您也可以成就一方之師。

　　因此，個人在 Line 上有成立群組，若有任何的疑慮，均可在群組相互研討，您若有意教學推廣，個人將義助您心想事成。

　　失傳的龍符祕法，因印刷或符咒的總總細節，在書上無法完整的呈現，若如法炮製，恐因不完整而自傷，故以面授為宜（免費）。

　　注：符咒的書寫或持咒，總有一些眉角，如果您自以為聰明，可以如法炮製使用，萬一被反噬，恐不自知，後果自負。

　　一歪二斜風水磁場微調祕法，或有關命理「河洛理數」……等，均歡迎研討。

　　欲一探究竟、深入研討者，請加「天覺」的 Line ID：0928505419

　　　　願仗所持善業力，祈垂護念賜加持，
　　　　祝願有情諸善根，一切諸時大吉祥

國家圖書館出版品預行編目資料

絕處逢生陰陽風水：讓你讀一次就學會的風水
學／天覺(李衍芳)著.
－－第一版－－臺北市：知青頻道出版；
紅螞蟻圖書發行，2023.07
面　；　公分－－(Easy Quick；201)
ISBN 978-986-488-246-5（平裝）

1.CST: 堪輿 2.CST: 相宅

294　　　　　　　　　　　　　　112008220

Easy Quick 201

絕處逢生陰陽風水：讓你讀一次就學會的風水學

作　　　者／天覺(李衍芳)
發 行 人／賴秀珍
總 編 輯／何南輝
校　　　對／周英嬌、天覺
美術構成／沙海潛行
封面設計／引子設計
出　　　版／知青頻道出版有限公司
發　　　行／紅螞蟻圖書有限公司
地　　　址／台北市內湖區舊宗路二段121巷19號（紅螞蟻資訊大樓）
網　　　站／www.e-redant.com
郵撥帳號／1604621-1　紅螞蟻圖書有限公司
電　　　話／(02)2795-3656（代表號）
傳　　　真／(02)2795-4100
登 記 證／局版北市業字第796號
法律顧問／許晏賓律師
印 刷 廠／卡樂彩色製版印刷有限公司
出版日期／2023年7月　第一版第一刷

定價 400 元　　港幣 134 元

ISBN　978-986-488-246-5　　　　　　**Printed in Taiwan**